ペンギンと泳ぐ旅

南極エコツーリズム

西森有里 写真・文

NTT出版

ペンギンと泳ぐ旅 ― 南極エコツーリズム　目次

1　プロローグ　南極に行きたい！

三〇歳を目前にすると、答えにくくなる質問がある。それは「あなたの夢は何ですか？」。その頃の私の夢。なりたいものは写真家だった。「写真家なんていいかげんにしなさい」と両親に怒られ、「もうそろそろ写真は趣味にしたら」と夫には呆れられていた頃である。

大学卒業後、海洋生態系の研究者をしていた私は、水中写真家になりたい！　ネイチャーカメラマンになりたい！　と一念発起して仕事をしながら、夜間の写真専門学校に通い始めた。写真学校卒業後、会社を辞め、水中写真家中村征夫《いくお》氏の助手になる。助手の仕事は未知の経験ばかりでとても楽しかったが、そろそろ自分の写真を撮らなくてはと思い、助手を卒業（独立）する。

助手を卒業したものの、写真家として何の仕事も得られないまま二年の月日が過ぎていた。自分で撮影した写真を持って出版社などへあちこち持ち込み（営業）に行っていたが、仕事の気配もなかった。暇をもてあましていた訳ではないが、私は、いつ来るともしれない海外撮影の仕事を夢見て、英会話教室に通っていた。

「What is your dream?（あなたの夢は何ですか？）」。胸にグサグサ突き刺さる質問を、何度も浴びせてくれたのは、英会話教室の先生だった。教室に通い始めた頃は、「写真家になりたい」と言っていた。しかし、二年経っても三年経ってもまだ写真家になれていない私は、この質問をされるたびに、だんだん憂鬱になっていった。

ある日、先生が少し質問を変えてくれた。

「What is your dream?　Not to be but to do?（あなたの夢、なりたいものじゃなくて、したいことは何？）」

うーん、私のしたいこと……何だろう。もし写真家になれたら、どうしたいだろう？　どこに行きたいだろう？　何を撮りたいだろう？　このとき、一つの映像が頭の中に浮かんだ。

「南極に行ってペンギンと一緒に泳ぎたい。海の中を駆け巡るペンギンの写真を撮ってみたい」

「ペンギンと泳げるの？　白熊に襲われないの？」

先生は目を丸くした。私も、思わず口をついて出た自分の夢に戸惑っていた。ペンギンがいるのは南極だったよね。そうそうペンギンが南極で、白熊が北極だ。

「白熊がいるのは北極だから、大丈夫だと思う」

しどろもどろで答えた。そもそもペンギンと一緒に泳げるものなのだろうか？　人間を襲うペンギンなんて聞いたことがないし、きっと泳げるんじゃないかな。南極の海って氷山が浮いているんだから、きっと寒いよなぁ。私はつたない英語で、夢をどんどん膨らませていった。

「南極へ行って、ドライスーツを着て、水中カメラを持って、ペンギンが泳ぐ海に飛び込んで、ペンギンと一緒に海を駆け巡って、バシバシ写真を撮るのよ！」

『私の夢は、南極でペンギンと泳ぐこと』。この夢がとても気に入ったので、半ば冗談のように、いろんな人に話していた。話すたびに、南極探検隊の一員になることになっていたり、『ナショナル・ジオグラフィック』誌の撮影になっていたりと、私の夢物語にはどんどん尾ひれがついていった。しかし正直なところ、私のような無名の新人が、どうしたら写真家として南極に行けるのかまったく見当もつかなかった。南極とはいったいどんなところなのだろう。ペンギンやアイスバーグの写真集を見たり、南極へ行った著名な写真家のインタビュー記事を読んでは、ハーッとため息をつくのが精一杯だった。

助手を卒業してから、三年半の月日が流れていた。持ち込みをした出版社は数え切れないほどに上った。でも写真家になりたいという意気込みだけはあったので、海に通い、作品を撮り続けていた。しかし結果はすべて玉砕《ぎょくさい》。写真一点さえも使ってもらえるところはなかった。ある編集部では、ほとんど写真を見てもらえなかったどころか、女性なんだから水中写真家なんて無茶な夢は諦めたほうがいいと、二時間もかけて説得される始末であった。もともと楽観主義な私だが、この後しばらくは、営業に行く気力さえも湧《わ》いてこなかった。

ある日、創刊されたばかりの旅行雑誌を本屋で見つけた。ページをめくっていると、この雑誌に持ち込みをしてみたいという衝動にかられ、その日のうちに編集部へ電話をした。数日後、編集部を訪ねた。そこの編集者は、私の写真を見るとこう言った。

「西森さん、エコツーリズム、エコツアーって知ってますか？」

エコツーリズム……!?　その言葉は、何度か耳にしたことはあったが、どんな意味かと聞かれると、よくわからなかった。

「まだ、日本ではあまり有名な言葉ではないんだけど、美しい自然が残っているところで、動物や植物を見たり、ガイドと一緒に回って、自然の話を聞いたりする旅行のことなんです。でも、旅行者が一度に大勢訪れたら、自然が破壊されてしまう。どうしたら、自然を壊さず、持続的に旅ができるか……。一言で説明するのはなかなか難しいんですけどね。もともと欧米で始まった考え方なんだけど、ガラパゴス、ニュージーランド、コスタリカあたりが、エコツーリズムサイトとして有名かな。日本では、屋久島や白神山地がエコツアーを始めてるね。ところで西森さん、写真だけじゃなくて文章も書ける？」

雑誌原稿など書いたことはなかったが、小学生の頃からつけていた日記は、ダンボール一箱分に達していた。ここで言わなくてどうする。

「書けます！　もちろん書きます！」

実は、この雑誌の編集長はエコツーリズム関連の書籍を発行したばかりだった。雑誌の中でも、エコツーリズムの記事を取り上げたいと考えていた。

「これ、西森さんに合うと思うんだけど……」

編集者が渡してくれた一冊の本。エコツアーに関するガイドブックだった。

それから約三カ月後、私はあるダイビング・エコツアーの取材のために、インドネシアのホガ島を訪れていた。私にとってはこれが生まれて初めてのエコツアーだ。本当に自分に合うのかどうか、半信半疑であった。ホガ島はインドネシアの中でも辺境地にあり、日本から行くだけで丸三日もかかる。このダイビング・エコツアーではホガ島に滞在し、海洋生態系の調査を手伝う。ここにあるのは小さなロッジ。世界各国から集まった参加者は、イギリス人、フランス人、スイス人、スペイン人、アメリカ人……日本人の私を含めて二十数名。共同生活をしながら、海洋調査を手伝い、ダイビングや島での生活を楽しむ。インドネシア人スタッフが作ってくれるインドネシア家庭料理を毎日堪能した。

言葉の不安もあったし、なにしろ初めての体験なので馴染めるかどうかが心配だった。ツアーが始まると、この心配は無用だったことがすぐに分かった。こんな居心地のいい旅行は生まれて初めてだった。エコツアーに必要なのは、自然を美しいと思う気持ち、尊重したいと思う気持ち。参加者と語り合い、カタコトの英語で地元の人々とも語り合い、思う存分写真を撮り、取材であることも忘れ、ホガ島の旅を心の底から楽しんでいた。帰る頃には、編集者が言った「私に合う」という意味が、頭ではなく体で分かってきた。私が旅に求めていたものは、生き物を心ゆくまで眺めていたいということ、美しい自然の風景の中でのんびりとした時間を過ごしたいということ、そして、自然を語り合える友人たち。二週間後、カバンいっぱいの撮影済みフィルムと共に日本へ帰国した。

このエコツアーの取材で写真家としての初仕事、雑誌記事カラー四頁「写真・文　西森有里」を獲得する。写真は正直だ。ファインダーを覗《のぞ》いている人間の気持ちさえも写してしまう。心の底から楽しんだホガの写真には、その気持ちが写りこんでいた。これまでいくつもの編集部を訪ねても、ボツになっていた理由は今だから分かる。これまでは私自身が楽しんで写真を撮っていなかった。どこか無理をしていたのだ。このエコツアーの記事が掲載されたのをきっかけに、エコツーリズムや水中写真に関する仕事が入るようになっていった。

こうして「エコツーリズム」に引きこまれていった私は、ニュージーランドの南島を取材のため訪れていた。フィヨルドランドとスチュワート島の自然を堪能しすぎて疲れていたので、体を休めようとダニーデンのB&Bに宿を取った。B&Bとはベッド&ブレックファストの略で、宿泊に簡単な朝食がつく。素敵なステンドグラスのある洋館だった。

少し寝坊をして、朝食の用意してあるダイニングルームへ行くと、一人の男性が朝食を食べていた。二〇代半ばというところだろう。典型的な秀才タイプ。細い縁の眼鏡をかけている色白の美しい男性だった。大きなダイニングテーブルが一つだけなので、宿泊客は一緒に朝食を摂る。こんなハンサムな男性と同席できるなんて、と思いながら自己紹介をした。彼はエリックというアメリカ人。大学院生で物理学の研究をしているそうだ。こういう場所での会話は、旅の情報交換と決まっている。私は、一番無難な質問をした。

「どのへんを旅行してきたんですか？」

すると、予想もしない答えが返ってきた。

「アンタークティカ」

「失礼？……（ニュージーランドにそんな地名あったっけ。アンタークティカってなんだっけ）……えっ！何？　南極に行ってきたの！」

彼は南極帰りだった。南極のマクマード基地で宇宙から降ってくる放射線の研究をしていて、一昨日南極から帰ってきたのだという。南極に行ったことがある人には、会うのも話すのも初めてだった。それにしても、二日前まで南極にいた人間が、なぜこんな軽装（シャツとジーパン）で、ニュージーランドをふらふらしているのか。おまけに、エリックは、紅茶にハチミツをスプーン三杯も入れて、研究者らしく几帳面に混ぜていた。私は、ハチミツが紅茶にちゃんと溶けるのか心配だったが、紅茶に気をとられないように、さらに質問を続けた。

「どうして？　どうやって、南極に行ったの？」

「交通手段って意味？　飛行機だよ。空軍の輸送機みたいなやつ。ニュージーランドのクライストチャーチから、南極のマクマード基地まで、輸送機が飛んでるんだ。ロスからニュージーランドまで、まず普通の飛行機で来て、クライストチャーチで輸送機に乗りかえて、そこから南極まで五時間ぐらいだよ。輸送機って乗ったことある？　映画でたまにあるじゃない。壁がむき出しになってるやつ。かっこいいんだけど、お尻が痛くなっちゃったよ。ドリンクサービスもないしね。あんまり乗り心地は良くなかったな」

　エリックの話を聞くまで、南極とは砕氷船「しらせ」に乗り、数カ月かけてようやくたどりつける場所だと信じきっていた。私のイメージしていた南極帰りとは、何カ月もかけて船で帰ってくるから、もっと重装備で、髭などぼうぼうにはやして、汗臭い感じなのだ。エリックのような美青年が、爽やかな顔をしてちょっと南極へ行ってきたというのは、なんだかイメージが違う。

「エリックは研究者だから、南極に行けたんでしょ。うらやましいなあ」

「そんなことないよ。別に研究者じゃなくても行けるよ。僕がいたマクマード基地にも、観光客がずいぶん来てたよ。」

「南極に観光客がいるの⁉」

「うん、そうだよ。あっ、いいものを見せてあげよう。ちょっと待ってて。」

　一度部屋に戻ったエリックは、英語で書かれた分厚いガイドブックを持ってきた。

「これ、『ロンリープラネット』の南極版。ほら、ここに南極への行き方が書いてあるよ」

　エリックの話に聞き入って、私は、朝食にはまだほとんど手をつけていなかった。南極探検隊や『ナショナル・ジオグラフィック』誌のカメラマンになれなくても、普通の観光客として南極に行く方法があるのだ。南極に行くエコツアーなんてあるのだろうか。もしかしたら、南極でペンギンと泳ぐエコツアーだってあるかもしれない……。

それから、約一カ月後、カイコウラのドルフィン・スイム、オタゴ半島のキガシラペンギン観察ツアー、エイベルタスマンのカヌーツアーの取材を終えた私は、クライストチャーチ国際空港ロビーにいた。ここから飛行機に乗れば、明日には成田に着く。時計を見ると、飛行機の出発まで まだ一時間以上あった。

「もし、クライストチャーチ空港で時間があまったら、すぐ近くに国際南極センターというのがあるから、絶対、行ったほうがいいわよ。最後のスライドショーはほんとうに素晴らしいから」

旅行中に出会ったイスラエル人の女性がこう力説していたのを、ふと思い出した。一時間あれば大丈夫だろう。私は、空港のカウンターに大きな荷物を預けてしまうと、国際南極センターへと走った。彼女の言ったことは正しかった。南極の映像美は、私の想像を超えていた。帰りの飛行機さえなかったら、何時間でも見ていたい素晴らしいスライドショーだった。

私は飛行機に乗る前に空港の本屋に寄ると、大急ぎで『ロンリープラネット南極版』を買った。そして、皆が寝静まる飛行機の中、電子辞書を片手に買ったばかりの本を読みふけった。旅の疲れもすっかり忘れ、南極への旅で頭の中はいっぱいになった。

2 吼《ほ》える四〇度、唸《うな》る五〇度、叫ぶ六〇度

南氷洋

私が南極へ行くつもりだというと、父はこういった。

「南極へ行く？　ばっかだなあ。あんな荒れる南氷洋に行くなんて。あそこは氷山はあるし、嵐ばかりで船乗りでも恐れる海なんだぞ」

うちは海人の家系だ。祖父は福岡の小さな漁村で漁師をしていた。祖父の漁を手伝った父は、遠洋漁業船の船長になった。私が小さい頃、父はいつも外国へ行っていて、日本には年に数カ月もいなかった。帰ってくると、父が撮影したいろいろな国の写真を見せてくれる。形も色も違う外国の家々、エメラルドグリーンの海、砂漠を歩く駱駝《らくだ》、色鮮やかな熱帯魚など、幼かった私は見たこともない外国の風景に目を見張った。外国への憧れは、このころから育まれていたのかもしれない。

写真家になった私には、悔しいことが一つある。私が苦労して、観光客が行かないような秘境を訪ねても、ああ、あそこの海は珊瑚《さんご》がきれいだったろうとか、サメがいっぱいいただろうと、父に手に取るように言い当てられてしまうのだ。太平洋、大西洋、インド洋と、父は長年の船乗り生活で、ほとんどの海を航海している。しかし、さすがに南極までは行ったことがないだろうと思ったが、やはり父は行っていた。

「南極に行きたいなんて、おまえも物好きだなあ。まあ、船酔いの薬でもたくさん持っていけ」

悔しいが、船に強いわけではない。毎日船酔いしても大丈夫なように、三〇日分の船酔い薬を荷物に入れた。

船乗りも恐れる南氷洋。その荒れ方は、「吼《ほ》える四〇度、唸《うな》る五〇度、叫ぶ六〇度（roaring 40's, howling 50's and screaming 60's）」と形容されている。地図を見てほしい。南極の周り、南緯四〇度から南緯六〇度にかけて、陸地はほとんどなく海に囲まれている。この海域は、いつも西から東に強い風が吹き続けている。風は波を作る。波は陸地で遮《さえぎ》られることもなく、南極を一周する間に、叫び狂うような大きな波に育っていく。波の高さ一〇メートルは当たり前、二〇メートルになる日もあるだろうと、父から脅されていた。南極を目指す者、とにかくこの悪名高き南氷洋を越えなければ、南極大陸にはたどりつけないのだ。

『ロンリープラネット南極版』には、まさしく「ハウツー南極への旅」が書かれていた。日本には、南極旅行に関するこれほど詳しいガイドブックはない。南極クルーズの紹介に始まり、飛行機のアクセス方法、ヨットを使った体育会系クルーズ、貨物船を利用したチープな旅、南極でのキャンプやダイビング、さらには、人類が到達できる最南端「南極点ツアー」なども紹介されていた。世界には、私以上の物好きが数多く存在するようである。

この本を熟読した私は、ニュージーランドにある一つのツアー会社に申し込みのメールを送った。ヘリテイジ・エクスペディションズ社（http://www.heritage-expeditions.com）といい、ニュージー

南極大陸全図
Antarctica
0 500 1000
kilometers
オーストラリア
ニュージーランド
メルボルン
南緯40°
ブラフ湾
タスマニア島
オークランド諸島
マックォーリー島
南緯60°
太平洋
南極圏（南緯66°33'）
アデリーペンギン
インド洋
エレバス山
ロス島
イヌゾリをひくアムンゼン隊
マクマード基地（アメリカ）
ロス棚氷
大和雪原
ボストーク基地（ロシア）
南極海
アムンゼンスコット基地（アメリカ）
南極大陸
南極点
South Pole
南極半島
南シェトランド諸島
ドレーク海峡
チリ
ロンネ棚氷
みずほ基地（日本）
昭和基地
昭和基地（日本）
アルゼンチン
オングル島
ウェッデル海
フォークランド諸島
5002
砕氷船しらせ
シャクルトンの木造船
南ジョージア島
南極点
大西洋
アムンゼンスコット基地
南アフリカ

ランドを基点に、南極ロス海、南氷洋の孤島へのクルーズを主催している会社だ。船にはダイビングの設備も整っている。南極へのツアーはアルゼンチンのウシュアイアから出発するものが一般的だ。しかし、私には、クライストチャーチの「国際南極センター」で見たロス海の映像が脳裏に焼きついて離れなかった。さっそくニュージーランド経由南極ロス海行きのツアーを申し込んだ。

大晦日、ニュージーランドに向け成田空港を出発。二一世紀最初の初日の出は、一人で飛行機の上から見ることとなった。翌日の元旦、オークランドに到着。国内線に乗り換え、南島のクライストチャーチに着く。たった一人での南極への旅立ちに不安がなかったわけではない。ここクライストチャーチ空港は『ロンリープラネット』を買った場所。見覚えのある空港に、南極へ旅立つ勇気が少し湧《わ》いてきた。

翌日、ニュージーランド最南端の街、インバーカーギルへ飛行機で移動。飛行機を降りると、昨日とはうって変わって肌寒い。この街には、南氷洋を越えてくる冷たい風がいつも吹きつけているのだという。長袖のシャツに上着を羽織り、集合場所であるインバーカーギルのホテルに向かった。

この夜、このホテルのレストランでディナーを摂り、南極エコツアーに参加するメンバーと、初めて顔合わせをした。どんな人々と一緒に南極に行くのだろう。ドキドキする瞬間だ。総勢四八名、スタッフも入れると五十数名。一度では全員の顔と名前はとても覚えられない。私と同じ席に座ったのは、オーストラリアから来た、キャス&ジョフのビッグ・カップル。キャスは私より頭一つ分、ジョフは頭二つ分高い。彼らは三〇代と若いが、インターネット関連の会社を経営している。そして、オランダ人ハンスは仕事をリタイアしたばかりだというハイ・アマチュアカメラマン。キャノンのカメラ一揃いとフィルムを八〇本持ってきたという。優しい話し方をするミエンヌとガイは、イギリス人夫婦。私の両親と同じくらいの年齢だろう。ほとんどの参加者は、南極に行くのは初めてだという。どんな物を持ってきたか、船酔いの薬は持ってきたか、忘れ物はないかなど、わいわいがやがやと夜遅くまで話をした。

翌日、私たちはホテルからバスに乗った。ニュージーランドの田園地帯を一時間ほど走ると、ニュージーランドの最南端港ブラフ港が見えてきた。私たちを南極へ連れて行ってくれる船はどれだろう。青地の船体に「АКАДЕМИК ШОКАЛЬСКИЙ」とロシア語の文字が並ぶ船の前で、バスは停まった。全長七二メートル、一一五六馬力。この数字だけで、船の大きさを想像していただけるだろうか。えっ！　これで南極に行くの？　と口走ってしまいそうなくらいの頼りない大きさだった。

「この船で大丈夫かな？　もっと大きいのを想像してたよ」

乗り込む船を目の前にし、誰かがひそひそとささやくのが聞こえた。

船内に入ると、既に部屋が割り振られていた。私のキャビン（船室）は、小さな窓のある部屋だった。二段ベッドと小さな机、そしてトイレとシャワーがついている。ヴェロニカというオーストラリア人女性と、このキャビンをシェアすることになっていた。

「まあ、素敵なキャビンじゃない！」

部屋に入るなり、ヴェロニカは言った。私も同感だった。広くはないが落ち着いた内装で、清潔なキャビンだ。机の上に置かれていた日程表をめくったり、水道の蛇口をひねってみたり、棚を開けたり閉めたりしながら、どちらがどこを使うか、話し合って決めた。ヴェロニカは、世話焼きおばさんという感じだろうか。きれい好きで、話し好きな女性だった。

「ユリは荷物が多いから、二つロッカーを使っていいわよ。いったい何をそんなに持ってきたの？」

ヴェロニカは私の大荷物を覗《のぞ》きこんでいる。ダイビング機材、水中カメラ、陸上用カメラ、バッテリー、フィルム、今回は防寒着もかさばっている。アシスタントなどいないので、旅行中は撮影荷物を一人で持ち歩かなくてはいけない。今回も着替えを最小限にして、極力少なくしたつもりだったが、自分の体重とほぼ同じ、総量五〇キロにおよぶ大荷物になっていた。

一方、ヴェロニカの荷物は少なく、旅慣れているという風だ。彼女は公務員として働いていた。過去形だったから、退職したという意味だろう。昨年の夏、友人に誘われてグリーンランドを旅し、それ以来、氷の世界に取り憑《つ》かれてしまったのだそうだ。仕事を再開する前に、どうしても南極の氷の世界を見てみたいと、このツアーに参加したのだという。荷物を片づけ終わると、レクチャールームに集合するようにとの船内放送が流れた。

レクチャールームには五〇人ほどが座れ、スライド、

ショカルスキー号のキャビン（船室）。

ビデオが上映できる設備がある。小学校の視聴覚室といった雰囲気の部屋だ。参加者全員が集まると、スタッフ、そしてクルーの紹介、船の説明を始めた。

まず、ヘリテイジ・エクスペディションズ社のスタッフは、ツアーリーダーであり南極への旅の総責任者であるロドニー。その息子のアラン。サポート役のイギリス人サリー。ナチュラリスト（自然案内人）として同行する地質学者のマーガレット。ニュージーランド環境保護局のリチャード。船医を務めるドクター・デイビッド。

船体に書かれたロシア語は、「アカデミック・ショカルスキー」と読む。船長をはじめ、クルーは全員ロシア人とのこと。ニュージーランドの会社なのにロシアの船？　その不思議な組み合わせに違和感を覚えたが、その理由はのちのち明らかになる。

「アカデミック」と名がついているように、この船は学術調査を目的に建造されている。いろんな設備があちこちに隠されているらしい。ダイビング設備はもちろんのこと、気象調査の設備、レクチャールーム、そして船体後方には巨大な空間があり、ゾディアック（一二人乗りゴムボート）二隻、スノーモービル二台が搭載されていた。

救命胴衣の装着、緊急時の避難訓練まで終えると、船は港を離れた。「数時間後には外洋に出るので、船酔いの薬を飲んでおくように」との放送が流れた。出航したブラフ港は南緯四六度に位置する。吼《ほ》える四〇度ラインとはまさしくここのことだ。私は迷わず、酔い止めの薬を飲んだ。しばらくすると、薬が効き眠気が襲ってきた。二段ベッドの上段に潜り込み、あっという間に眠りに落ちた。

「バタ！　ドタ！　バタ！　ドッドーン」

夜中にものすごい物音で目が覚めた。真っ暗で何の音かわからない。ローラーコースターにでも乗っているように、右へ左へぐるんぐるんと体に重力がかかった。ベッドから下を覗《のぞ》こうとすると、振り落とされそうだ。ベッドの端により、落ちないように体を踏ん張った。そうこうしているうちに、再び睡魔に抗《あらが》えなくなり、深い眠りに落ちた。

ヘリテイジ・エクスペディションズ社のスタッフ。

船を操縦するブリッジは、三方を窓に囲まれ見晴らしがいい。参加者はブリッジに自由に出入りできる。

激しい波をかぶる甲板。船は上下に大きく揺れ「吼える40度」を体感する。

朝になりベッドを降りてみると、キャビンは泥棒に入られたような惨状だった。椅子はひっくり返り、机の上の資料はすべて床に散らばり、靴も片方が見当たらない。カメラを出しっぱなしにしておかなくて、本当によかった。

「おはよう、ユリ。よく眠れた？」

「薬のおかげで、わりとよく眠れたわ」

「夕べの恐ろしい物音を聞いた？　犯人はこいつに違いないわ」

船酔いをしているのだろう、青白い顔をしたヴェロニカが、オーマイゴッドという手振りでパイプ椅子を指差した。パイプ椅子が、あっちにぶつかり、こっちにぶつかり、一晩中宙を舞っていたのだ。次の夜から、紙切れ一枚にいたるまで、すべて片づけて寝るようになったのは言うまでもない。

この夜の波の高さは、七メートルとのことだった。薬を飲んでいても、体の中からじわじわと吐き気が込み上げてくる。気持ちが悪くてとても立っていられない。「吼《ほ》える四〇度」がこれだったら、「唸《うな》る五〇度」、「叫ぶ六〇度」はどうなってしまうのだろうか。一〇メートル、二〇メートルの波を生きて越えられるのだろうか。しかし、走り出してしまった船から降りるわけにはいかない。南極へ向けて旅立ってしまったことを少しだけ後悔し始めていた。

3 南氷洋の楽園

亜南極諸島　マックォーリー島

朝からわくわくして、サリーのモーニング・アナウンスが始まる前から、ぱっちりと目が覚めていた。今日は、待ちに待ったマックォーリー島の上陸日。マックォーリー島は、ニュージーランドから南に約一〇〇〇キロ、南極大陸まであと一五〇〇キロの地点。南氷洋にぽつんと浮かぶ絶海の孤島だが、オーストラリア領で、オーストラリアの亜南極研究所ANARE基地がある。ショカルスキー号の旅も五日目となり、船の揺れにもずいぶん強くなった。七時過ぎにはもう朝食を済ませていた。愛しのマックォーリー島は、もう目の前。甲板に出てみると、みぞれ混じりの霧雨が降っていた。そして後ろには、うっすらと虹がかかっている。

だが、そんなに早起きをしなくてもよかったことが、すぐにわかる。私たちの船は、ニュージーランドから出発したのでニュージーランド時間を採用しており、ただいまの時間午前七時。目の前のマックォーリー島はオーストラリア領なのでオーストラリア時間で午前五時。同じ場所なのに、なぜか二時間の時差がある。今日は、ANARE基地のスタッフがサンディー湾を案内してくれるのだが、午前五時はさすがに早すぎた。それから二時間ほどの間、上陸を今か今かと待ち続けた。

ニュージーランド時間午前九時、オーストラリア時間午前七時、早起きをしてくれた研究者のバリーをピックアップすると、ＡＮＡＲＥ基地から五キロほど南にあるサンディー湾へ向かった。私たちは地図を受け取り、ツアーリーダーのロドニーと研究者のバリーから説明を受けた。

まず一つめは、「五メートル・ルール」（野生生物を観察するときは、五メートル以内に近づかないこと）、次にオーストラリア領なので「食物持ち込み禁止」（他国に上陸するため、食品は検疫に引っかかるのだそうだ。丸一日上陸してるのに、おやつも飲み物も持っていけないとは……）、さらに「ウェット・ランディングの可能性あり」（上陸のとき、波をかぶって濡れるかもしれないということ）。この寒さの中、靴が濡れたら辛いので、私は膝まであるゴム長靴に履き替えた。

エコツアーでは、参加の前にこういったブリーフィングを行うことが多い。厳しいルールもあるが、野生生物を観察するためには大切なことだ。自分ぐらい大丈夫だろうという気持ちでは、エコツアーは成り立たなくなってしまう。とにかく、島に持っていけるのは、カメラとフィルムだけということ。私は持てるだけのフィルムを、カメラバッグに詰め込んだ。

順番にゾディアックに乗り込む。荒れた海を進み、砂浜が近づいてくる。さあ、上陸だ！　波の引き際をようく見て、砂浜に飛び降りた。波はかぶらなかった。ドライ・ランディング成功！

上陸したサンディー湾は、砂浜と岩場が続き、奥は急な丘になっている。背の高い木は見当たらず、草が丘を覆っている。地形的にはそんなに珍しい場所ではない。北海道あたりにありそうな海岸だ。私が飛び降りたすぐ後ろから、甲高い鳴き声が追いかけてきた。振り向くと同じ砂浜からロイヤルペンギンが次から次へと上陸している。ペンギンに五メートル以上近づいちゃいけ

砂浜から次々と上陸するロイヤルペンギン（Royal Penguin, *Eudyptes schlegeli*）。

上陸したサンディー湾。砂浜にはたくさんのミナミゾウアザラシが寝転がっている。

ないんだった。私はあわてて、彼らに場所を譲った。

波打ち際から砂浜へ目を移すと、巨大な丸太のようなものが、ゴロンゴロンと何十本も横たわっていた。何だろうこれ？　と思っているとブォッと鼻息を吹きかけられた。この丸太には、鼻がついていた。そう、これがミナミゾウアザラシ。雄の盛り上がった鼻が、ゾウに似ているのでこの名がついている。体長六、七メートルはあるだろう。アザラシの中でも最大級らしい。この巨体に押しつぶされたらひとたまりもない。私は、ゾウアザラシの機嫌を損ねないように、そぉーっと動いた。

ゾウアザラシから一〇メートルほど離れたところで、態勢を整えた。肩に下げていた荷物を下ろし、三脚を立てカメラを準備した。目の前には、何百羽というキングペンギンがいる。こんなに生き物が多くては、前に進めない。二〇メートルも進めないうちに、フィルムを一本使い切ってしまう。さあ、今日は心ゆくまでペンギンを撮影しよう！


写真集などで仲良く寄り添う二羽のペンギンを見かけることがある。鎌倉文也さんの写真集『ペンギン・ラブ』にも、すっきりとした背景に立つ気持ちよさそうなペンギンがたくさん写っている。私も南極に行ったら、あんな美しいペンギンの写真が撮れるのかなと少し期待していた。

しかし、現実はそんなに甘くはなかった。南極でペンギンを撮影したい読者のために、いくつかアドバイスしておこう。

一つ、本物のペンギンとは、決して優雅な生き物ではない。落ち着きのない生き物である。あっちにワラワラ、こっちにワラワラ。普通にカメラを構えると、ファインダーの中は落ち着きのないペンギンでいっぱいになってしまう。

二つ、まっ白い胸を持つペンギンは少ない。南極に出かけるまで、私は、ペンギンの胸はみんなまっ白なのだと信じて疑わなかった。しかし、野生のペンギンの胸には、たいてい泥なのか糞なのか茶色い汚れがついている。よい写真を撮るためには、よーく観察して、美しい白い胸を持つペンギンを探し出さなくてはいけない。

三つ、ペンギンは群れをなす生き物である。美しいペンギンを一羽見つけたとしよう。美しいカップルを見つけられれば、さらにラッキーだ。しかし、群れで行動しているペンギンを、一羽もしくは二羽だけ、単独で撮影するのは難しい。他のペンギンが次々ファインダーの中に割り込んでしまうのだ。

フィルムを交換していると、オーストリア人写真家のジョセフが話しかけてきた。

「難しいね」

「ほんとに難しい」

ジョセフと私の英語力は同じぐらいだ。二人とも英語は不得意で、あんまり複雑なことはしゃべれない。しかし、写真家同士なので、この一言でお互いの言いたいことは十分伝わった。目と目でウンウンとうなずくとそれぞれ撮影に戻った。ペンギンの美しいポートレートを撮影することが、こんなに難しいことだったとは……。この被写体を前に、あんな美しい写真を撮ることができる鎌倉さんは、すばらしい写真の腕の持ち主である。

美しいポートレートを収めようと撮影を続けていると、突然、カメラが揺れた。下を見ると、

ペンギンは５ｍ以上離れて観察すること。しかし、向こうから近づいてくる場合は問題ない。静かに観察していると、ペンギンは次々と側にやってくる。

あちらにもこちらにもペンギン、ペンギン、ペンギン。思わず笑みがこぼれてしまう。

若いキングペンギンのカップル。一羽が胸を張り甲高い鳴き声を上げると、もう片方もそれに応えるように鳴く。

数羽のロイヤルペンギンが、私の三脚をかじっている。あまりの可愛さに力が抜けるが、むやみに足を動かすとペンギンを踏んでしまいそうだ。私の三脚、私の長靴、私のカメラバッグと一通りつつき終わると、食べ物でないことがわかったようで、一群は、向こうへ行ってしまった。

上陸してから一〇〇メートル進むのに、二時間以上かかっていた。この調子では、たった一キロのサンディー湾を一日で見ることができない。私は、サンディー湾の地図を広げた。木の階段を上っていくと、ロイヤルペンギンのコロニー（営巣地《えいそうち》、ルッカリーともいう）があると書いてある。砂浜からは見えないが、この急な丘を越えたところだろう。

マーガレットがコロニーを見に行くと言うので、私も一緒についていった。マーガレットは四〇代後半の女性で、ニュージーランド人の元南極観測隊員。何度も南極を経験し、今回のツアーには、南極の自然を解説するナチュラリストとして同行している。エコツアーの中でナチュラリストとしての役割を担うのは、自然科学系の学者、博物館研究員などその地域の自然に詳しい専門家である。

階段を一歩一歩上っていくと、鳴き声が徐々に大きくなっていった。耳が痛くなりそうだ。てっぺんの見晴らし台に着いたときは、マーガレットと声がかわせないぐらいの大音量になっていた。

丘の向こうは見渡す限りのペンギン、ペンギン、ペンギン。親切なマーガレットは、ペンギンに負けないぐらいの大声で説明をしてくれた。

「ここは、ロイヤルペンギンのコロニー…（ギャーギャーギャー）…。ほら、見える…（ギャー）？黒っぽいのが、…（ギャーギャーギャー）…赤ちゃんペンギン。フカフカした黒い毛に包まれて（ギ

山の中腹まで埋め尽くされたロイヤルペンギンの大コロニー。

何がきっかけになったのだろうか。コロニーの中で激しい喧嘩が始まった。

ャーギャーギャー）…ここで何千羽というロイヤルペンギンが子育てをして（ギャーギャー）鳴き声で…（ギャーギャー）…自分の子供を聞き分けてるのよ」

この騒音の中で生きていられるのも信じられないが、鳴き声で自分の子供を聞き分けているというのは、もっと信じられない。

ライブハウス並みの大音量にくじけそうになるが、せっかくここまで上ってきたのだから、しばらく観察してみよう。海から通じる急な谷を、ロイヤルペンギンの親がヒョコヒョコと上ってくる。海で漁をしてきた親ペンギンは、子供に食べさせるため、コロニーの中を歩いて、自分の巣へと戻っていく。一つの巣と巣の間は、五〇センチくらい。五〇センチ四方ぐらいの空間に、一家族が住んでいる。日本人の住宅問題より深刻そうだ。しかも、巣と巣の間は通路になっていて、漁から戻ってきた他のペンギンがひっきりなしに通る。ストレスがたまらないのかなあと心配していたら、喧嘩が始まった。何が原因になったのか分からないが、うちの敷地を踏まないでよ！　とか、勝手に巣を作らないで！　とか、うちの子に何するの！　とか、きっとそういう類《たぐい》だろう。

階段を降り浜辺に戻ると、お昼を食べたい人はゾディアックに乗って、ショカルスキー号に戻るようにと言われた。私は、もちろん、No Thank You!　零度近い寒さに耐えるためにも、何か食べ物を胃に入れておきたったが、この島に一時間でも長くいたい気持ちのほうが強かった。一回ぐらいお昼を抜いても、死にはしない。

覚悟を決めたところで、もう一度地図を開く。ミナミゾウアザラシの群れの向こうに、キング

Macquarie Island
Sandy Bay
マックォーリー島　サンディー湾
ショカルスキー号
N
S
ゾウアザラシの
間を通りぬける
砂浜にねそべる
ミナミ
ゾウアザラシ
上陸ビーチ
砂浜
ペンギン上陸
ポイント
キングペンギン
の群れ
ひとなつっこい
ロイヤル
ペンギン
タソック
の丘

岩場
キングペンギンのタイドプール
若いキングペンギンが
泳ぐ練習をしている
キングペンギンの
コロニー
ロイヤル
ペンギン
上陸ポイント
キング
ペンギン
見晴し台
木道
谷
ロイヤルペンギンの通り道
ロイヤルペンギンの
巨大コロニー
急な丘
木道
見晴し台
鳴き声
うるさい
ロイヤルペンギンの通り道

ペンギンのスイミングプールがあると描いてある。またゾウアザラシの群れを越えなくては……。なるべく刺激しないように、端っこをそぉっと歩いたが、またまた、ブォー、ブォーと凄《すご》まれた。

しばらく歩くとタイドプール（潮溜まり）を見つけた。ここがキングペンギンのスイミングプールだ。外洋の波が直接入らないので、穏やかなプールになっている。若いキングペンギンが、しきりに泳ぎの練習をしていた。それにしてもあまり上手ではない。特に、水に入る瞬間と出てくる瞬間が危なっかしい。まだまだ魚を捕まえられるとは思えない。その様子があまりに可愛くて、またここでもずいぶん時間をかけてしまった。このあたりにいるキングペンギンは、昨年卵から孵《かえ》ったばかりの幼鳥ばかり。首には若葉マークのように、茶色い産毛が残っている。これも、あと数週間で完全に生え替わり、完全に大人になる。

「ユリ！　こっちにもっと面白いものがあるよ」

ドクター・デイビッドが手を振っている。岩場をぐるりとまわると、その向こうにはキングペンギンのコロニーがあった。数百羽のキングペンギンは、まるでボウリングのピンのように整然と置かれている。等間隔に並び、とてもお行儀がいい。先ほどのロイヤルペンギンのコロニーとは大違いだ。

コロニーの中に一羽だけ茶色いペンギンがいた。果物のキーウィに、くちばしがついているみたいだ。風が吹くと、やわらかい毛がふわふわと揺れる。

「ほら、あの一羽だけいる茶色いペンギン見える？」

整然と並ぶキングペンギン（King Penguin, *Aptenodytes patagonicus*）のコロニー。茶色いぬいぐるみのような鳥はキングペンギンの幼鳥。

「あのペンギンは、まだ子供なんだって。他のペンギンはもっと早くに生まれたから、みんなほとんど羽も生え替わってるけど、遅く生まれたから、まだ茶色いんだって。夏にこのサイズだと、もしかしたら冬がくるまでに大人になれないかもね」

一日中冷たいみぞれが降っていたので、レインコートもじっとり濡れていた。上陸した砂浜に戻ってくると、ほとんどの参加者はショカルスキー号に戻っていた。本日、最後のゾディアックが出るという。これに乗り遅れたら、ミナミゾウアザラシと一晩過ごさなくてはならない。最後まで撮影していた写真家ジョセフたちと一緒に、私もショカルスキー号に戻った。ゾディアックに乗る誰の顔にも、満足げな笑みが浮かんでいた。

4 ゾウアザラシの微笑む島

マックォーリー島　ANARE

翌日、ANARE（亜南極研究所）があるマックォーリー島の北端へと戻ってきた。研究員のバリーたちが施設を案内してくれるという。島へ上陸すると、今日もゾウアザラシが荒い鼻息とともに出迎えてくれた。ANAREでは、動物学と植物学の研究が主に行われている。バリーは海棲《かいせい》哺乳類の研究者。この島で、ミナミゾウアザラシの生息数を調査している。

基地内には、堅牢なフェンスがめぐらされていた。最重要秘密基地なのかと思ったら、単なるゾウアザラシよけなのだという。このフェンスがないと、ゾウアザラシが建物の中に入っては大暴れしてしまうのだそうだ。雄で体長六～七メートル、体重は三～四トンにもおよぶ。三～四トンといえばお相撲さん約二〇人分にあたる。お相撲さん二〇人に暴れられたら、たまったものではない。

フェンスの外では、ゾウアザラシが巨大なナメクジのように這《は》いずり回っていた。草むらにも潜んでいて、道の端っこを歩くとブォーと脅される。かと思えば、道の真ん中で昼寝をしている奴もいる。道を塞ぐゾウアザラシ、その横を何事もないように歩く研究員、さらに、別の道からキングペンギンが私たちが通過するのを待って、通り過ぎて行った。

昨日から何度もミナミゾウアザラシに凄《すご》まれ、及び腰になっている私は、バリーに聞いてみた。

ANARE基地に棲む野生のキングペンギン。まるで出勤風景のようだ。

基地内の溝にはミナミゾウアザラシが潜んでいる。

「ゾウアザラシの研究してるんでしょ。怖くないの?」

「確かに見かけは怖いけど、けっこう人になつくからね。毎日見てると、愛着が湧《わ》いてくるよ。この前、ゾウアザラシの子供が生まれたんだけど、一緒に海でスノーケリングしたんだよ! 大人のゾウアザラシはすごく泳ぎが上手だけど、子供はまだよちよち泳ぎで、僕ら人間より下手なぐらいだった。可愛いかったよ」

とバリーは答えた。そうか、研究をしていると、そんな素敵な場面にも出会えるんだ。恐ろしげなミナミゾウアザラシも、バリーにはなついているように見える。彼が手を上げると、ゾウアザラシは頭を持ち上げ、彼が手を下げると、頭を低く下げる。バリーの手の動きに合わせるのを楽しんでいるようである。

バリーは私たちを、基地の南にあるゾウアザラシのコロニーへと案内してくれた。砂浜に近づくと、バリーが全員に注意した。

「急に動かないで」

巨大な二頭のゾウアザラシが、上半身を持ち上げ、体をぶつけあい争っている。巨体と巨体がぶつかり合う、ドスンドスンという鈍い音が間近に聞こえる。彼らは興奮状態にあった。目は真っ赤に血走り、首からは血を流している。ぶつかり合うたびに、お互いの体に噛みつくので、体毛は血で染まっている。どちらかが力つきるまで続くのだろうか。私たちは、一五メートルほど離れたところで立ち止まり、この争いを見守った。

「これは、ゾウアザラシの雄が、雌をめぐって争っているのです。一頭の雄に対して、二〇～三〇頭の雌でハーレムを作ります。体が大きくて強い雄がボスになります。あぶれた雄は、子孫を残すためにボスに争いを挑みます。ボスはいろいろな雄から戦いを挑まれるので、いつも生傷が絶えないのです。戦いに負ければハーレムを譲らなくてはなりません。ゾウアザラシの雄は大変です。こんな激しい喧嘩を、毎日しなくてはならないんだから。僕は、人間の雄でよかった」

しばらくこの戦いを観察してたが、そう簡単には決着はつきそうになかった。バリーは次に、研究所傍にある茶色く錆《さ》びた巨大タンクへと案内してくれた。高さ四、五メートルで直径は二メ

体長6～7メートル、体重3～4トン、ミナミゾウアザラシの巨体を目の当たりにする。
（Southern Elephant Seal, *Mirounga leonina*）

縄張り争いをするミナミゾウアザラシ。血走った目が争いの激しさを物語る。

ートルほど。とても古そうなタンクだ。

「このタンクは何だと思いますか？　ダイジェスターと言います。このタンクの説明をするとき、僕はとても悲しい話をしなくてはいけません。今から一〇〇年ほど前、マックォーリー島にはこの砂浜を埋め尽くすほどのミナミゾウアザラシが棲《す》んでいました。昔は油を採るために、クジラを捕獲していたのは知っていますよね。それと同じように、実は、この島ではゾウアザラシを捕まえて、脂肪を採っていたんです。捕まえたというのは正しい表現ではないかもしれませんね。このダイジェスターの周りは、ゾウアザラシだらけだったんですから。ゾウアザラシの体のほとんどは脂肪でできています。ここにいるゾウアザラシたちの表面を大きなナイフで切り裂き、持ち運べる大きさにして、ダイジェスターにくべて油を精製していたのです。油がお金になるとわかると労働者が押しかけ、島中のアザラシを採りつくしてしまいました。それまで埋め尽くすほどいたこの島のミナミゾウアザラシは、またたく間にほとんどいなくなってしまいました。ただ、数年もしないうちに、アザラシから油を作るビジネスが下火になってしまったので、絶滅させることだけは免《まぬが》れました。この悲しい出来事を忘れないためにも、ダイジェスターは当時のまま保存しているんです」

マックォーリー島に今でも静かにたたずむダイジェスター。

こんなにたくさんいるミナミゾウアザラシだが、一〇〇年近くたった今でも、昔の頭数にはまだ戻っていないのだという。バリーの話を聞かなければ、きっと気にせず通り過ぎてしまっただろう。「ゾウアザラシの乱獲」……文字にしてしまえばたったそれだけで、すっと読み飛ばしてしまうようなこの言葉。現実に乱獲が行われた島で、この言葉を聴き、初めて本当の意味を理解できたような気がする。そしてもう一度、この島が彼らが微笑む楽園になる日を、願わずにはいられなかった。

5　ペンギンと泳ぐ夢

マックォーリー島　ルジタニア湾

ANARE基地の見学を終えた私たちは、昼食を摂りながら、マックォーリー島の南にあるルジタニア湾へと移動した。ここには、世界でも有数のキングペンギンの大営巣地《えいそうち》がある。昨日上陸したサンディー湾のコロニーでも十分感動したと言うと、ティナは人差し指を左右に振った。
「ノン、ノン、ノン、あのぐらいで感動しちゃだめよ。ルジタニア湾のコロニーはぜんぜん違うんだから。あっちの端からこっちの端まで全部ペンギン、ペンギン、ペンギン、ペンギン。一生かかったって、数え切れないぐらいのペンギンなんだから」

昨日から冷たい霧雨が降り続いている。ショカルスキー号は錨《いかり》を降ろしエンジンを止めた。マックォーリー島には霧がかかり、ここからはキングペンギンのコロニーは見えない。ゾディアックが準備された。レインコートを着て、上からライフジャケットを装着すると、ゾディアックに乗り移った。いったいどんなコロニーが現れるのだろうか……。霧がかかった山並みが、だんだんと近づいてくる。

緑に覆われた山に白い谷が見えた。何だろう？　白い谷は呼吸をするようにリズミカルに躍動している。目を凝《こ》らしてみると、白い谷を形作っているのはおびただしい数のキングペンギンで

あった。彼らの動きにあわせて谷は躍動し、大コロニーは山の景観さえをも変えてしまっている。ゾディアックは、キングペンギンの大コロニーへとゆっくり近づいていった。ギャー、ギャー、ギャー、ギャー、グワン、グワン、グワン、グワン。正面から、左右から、山に跳ね返り、海を伝い、あらゆる方向から大音量が押し寄せる。キングペンギンの大合唱は、私たちの体を震わせ、海のかなたへ消えていく。と同時に、風に乗って強烈な臭いが漂ってきた。魚の腐った臭いと糞を混ぜたような臭いだ。直接吸い込むと目に涙がにじむ。音と臭いが頭を直撃し、くらくらとめまいを起こしそうだ。

ルジタニア湾は、海岸沿いから山の中腹まで隈《くま》なくキングペンギンに埋め尽くされている。木々の隙間にもキングペンギンは入り込み、壊れたダイジェスターの横には勝ち誇ったような彼らの姿があった。ゾディアックの周りには、頭をちょこんと出したキングペンギンが蜘蛛《くも》の子を散らしたように泳ぎ回っている。彼らが発する力強い「生命力」を前にすると、私たちニンゲンなどは吹き飛ばされてしまいそうだ。想像を越えた大コロニーに、私たちは言葉を失っていた。ゾディアックを操縦していたロドニーはこう言った。

「このコロニーに説明はいりませんね。皆さん、体で何か感じ取っているでしょう。ルジタニア湾には、三五万組のキングペンギンの番《つがい》が棲《す》んでいます。七〇万羽の夫婦が一羽の雛を育てているとすると、この湾のキングペンギンの総生息数は、なんと一〇〇万羽以上になると推測されるんです。私がマックォーリー島を訪れるように

ルジタニア湾のキングペンギンの巨大コロニー。波打ち際から山の中腹までペンギンで覆い尽くされている。

なって十数年経ちますが、初めて来たときは、このコロニーはこんなに大きくなかったんです。あんな山の中腹辺りに巣を作るペンギンはいませんでした。ところが、このコロニ

ゾディアックに乗り込み、ルジタニア湾へ近づいていく。

ーは来るたびに明らかに大きくなっている。いったいどこまで大きくなるのか、私は見守っていきたいと思ってるんです」

キングペンギンも、ゾウアザラシなどと同じく油を採るために捕獲され、その生息数を激減させてしまった野生生物である。しかし、人間によって捕獲されなくなると、爆発的に生息数を回復していった。現在では、キングペンギンの生息数は安定、むしろ増加しているのだという。南緯五〇度から六〇度付近を好んで棲むキングペンギン。残念ながら彼らの棲家となる陸地は、南半球にはほとんどない。この地域に存在する絶海の孤島にだけ、生息することができるのだ。

ゾディアックはルジタニア湾の喧騒を離れ、沖に停泊するショカルスキー号へと戻ってきた。ところが、ゾディアックの後を追うように、たくさんのキングペンギンがついてきたのだ。後から後から、キングペンギンが泳いでくる。予想もしていなかったペンギンの襲来に、私たちは興奮した。ロドニーはしばらくキングペンギンの様子を観察すると、息子のアランに何か指示を出した。

アランが、ダイビング機材置き場に走りながら私にこう叫んだ。

「ユリ！　ペンギンと泳げるかも。準備して！　急いで、急いで！」

「ペンギンと泳げる!?」

予想だにしなかったアランの言葉に、飛び上がりそうになった。どうしよう、どうしよう。そうだ、カメラ、カメラ。私は、首に下げていた二台の陸上カメラを下ろし、大慌てで水中カメラ「ニコノスV」を用意した。水温何度ぐらいだろう？　南極に近いんだから、零度に近いことは間違いない。流氷ダイビング用のアンダーウェアに一〇秒で着替え、甲板後方にあるダイビング機材置き場に走った。出動時の消防士に負けないぐらいの速さで、上からドライスーツをすっぽりと着込んだ。ペンギンさん、お願いだから私が着替えている間にいなくなったりしないで……。フードを被りながら、階段を駆け上がった。

甲板から海を見下ろすと、キングペンギンたちは、まだ、船の周りを気持ちよさそうに泳いでいた。数百羽以上はいるだろう。霧の向こうからキングペンギンの群れがやってきて、その数は増えていた。

船を取り囲むように無数のキングペンギンが集まってきた。

夢が叶う瞬間が、もう目の前に来ている。足を踏み外さないよう、一歩一歩階段を降りていった。ほんの一時間ほど前まで強く流れていた潮が止まっている。今なら大丈夫。ロドニーは、潮が止まるこの瞬間を待っていたのだ。

ドライスーツの防水ファスナーを確かめ、カメラのレンズを確かめ、ペンギンを逃がさないように、ゆっくりと海に入った。頭まで水に浸ける。うわっ、顔が凍りそう。その冷たい海の中を、じっと目を凝《こ》らしてみた。

自分の五メートルぐらい下を、フットボールぐらいの大きさの何かが、猛スピードで駆け抜けていった。真っ青な水の中に、黄色いくちばしのラインが、くっきりと

海の中を自由自在に駆け巡るキングペンギン。正面から右から左から次々と現れ、深い群青の海へ瞬く間に泳ぎ去っていく。ペンギンが泳いだ後には、飛行機雲のように白い泡が残る。

見えた。これが海を泳ぐペンギン!? 次の瞬間、私は、海の冷たさも何もかも忘れて叫んでいた。

前方から、右から、左から次々とペンギンが数十羽単位でやって来る。私から数メートルまで来ると、さっと向きを変えて、右へ左へと散っていく。海の中はキングペンギンの甲高い鳴き声で満ちていた。彼らの興奮が水を通して伝ってくる。

私は一枚また一枚と、夢中でシャッターを切った。もっと近づきたい。フィンを大きく蹴り、数メートルほど水の中へ潜ってみる。ペンギンは大慌てで、四方八方へ飛んでいった。

真下を見ると、光が深い海底の闇に吸い込まれていく。ドライスーツの浮力のおかげで沈んでしまう心配はないが、目を凝《こ》らしても海底は見えない。水深数百メートルはあるだろう。深さを考えると身震いがする。

目の前にペンギンの一群が浮いている。水面に浮いているペンギンは、水鳥のように頭を水面に持ち上げ、水を掻《か》きながらのんびり進んでいる。私が写真を撮ろうと近づくと、一気に戦闘体勢になり、頭を水に突っ込むと、両翼で一掻《か》き、二掻き、あっという間に、私の前から消え去ってしまう。ペンギンが通り過ぎた後、泡が生まれ、まるで飛行機雲のように、水の中にラインを残した。

三六枚目。最後の一枚のシャッターを押した。いったい何分ぐらいペンギンと泳いだのだろう? 数十分の出来事だったと思う。海に入った瞬間の冷たさもまったく忘れていた。私は、とても満ち足りた気分で船へと戻った。

甲板に上がると、大歓声が待ち構えていた。今回ペンギンと泳いだのは、ツアーのスタッフと

亜南極諸島
Macquarie Island
マックォーリー島
N
S
0 1 2 3 4 5
kilometers
南緯 54°
東経 158°
ANARE基地
今は使われていない
ダイジェスター
ミナミゾウアザラシ
サンディー湾
ロイヤルペンギンのコロニー
ショカルスキー号
オルカの群れ
100万羽のキングペンギン大コロニー
ルジタニア湾
キングペンギンと泳いだ!!
水中を駆けめぐる姿に感動

私だけだった。他のツアー参加者は、海から上がってきた私たちに次々と質問を浴びせた。

「寒くなかった？」

「ペンギンは水の中でどうだったの？」

みんなの質問に答えようとするが、口が動かない。冷水に長い間顔をつけていたので、寒さで口がこわばっていた。海に入った者は全員、熱いシャワーへと直行した。

その夜は、キングペンギンの話題で持ちきりだった。ロドニーが言った。このマックォーリー島は、たいてい悪天候で波が高く、ペンギンに囲まれることがあっても、海へは入れないのだと。今回初めて、穏やかな海でキングペンギンに遭遇し、泳ぐことができたのだという。とても幸運なことだったのだ。

興奮冷めやらぬ私は、日本で待つ夫に電子メールを送ることにした。ニュージーランドを発つ前日、日本に電話をしたが、ショカルスキー号に乗ってから連絡はしていない。電子メールは衛星電話を使って送ることができる。船に備えつけられているパソコンを使用するので、オペレーターにタイプをお願いしなくてはならない。私はサリーにアルファベットで書いた暗号を渡した。

"Shacho sama. kaisha ha dou?　Kyou ha yume ga kanattayo. Penguin to issyo ni oyoida yo.
Shasin mo takusan tottayo. Otano simini. Yuri"

6　南極圏を越える者

南緯66度33分

ロドニーとイゴール船長は、海図を見ながら何やら相談している。ショカルスキー号は、南緯五七度・東経一六二度付近を南進していた。空には、鉛色の重い雲が垂れ込めている。一歩ブリッジの外にでると、真冬のような冷たい風が頬をなでた。

「今年は流氷が多いから、そろそろかもしれないですね」

と船長は言った。何が「そろそろ」なのだろう。ブリッジにいた者は、二人の話に聞き耳を立てた。

「そうですね。今日やりましょうか……」

エンデビーズ・バーに皆を集めると、ロドニーはこう言った。

「皆さん、これから、アイスバーグ・コンペティションを行います。ここ数日の間に、最初のアイスバーグに遇《あ》える可能性が高いからです。これから、みんなに一つめのアイスバーグに遭遇する時間を当ててもらいます。何日の何時何分に最初のアイスバーグに遭遇するか、これから配る紙に書いて投票してください。一番近かった人が優勝者です。優勝者には豪華商品を用意しています。どんな方法を使って予想しても構いません。さあ、皆さん、がんばって！」

マックォーリー島を出てから丸一日が経っていた。この間、陸地も島も見ていない。繰り返す

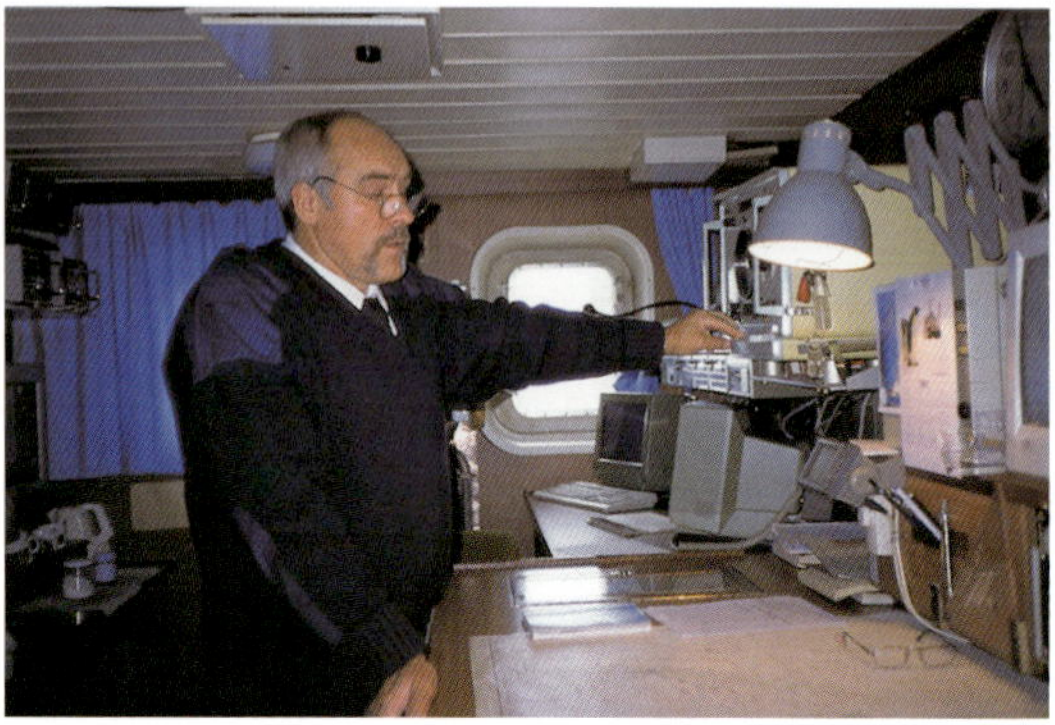

海図とGPSのデータを基に、航路を割り出すロシア人クルー。

波を眺めるのに飽きてきた私たちは、アイスバーグと聞いて浮き足立った。アイスバーグとは、何万年もかけて山に降り積もった雪が固く凍り、氷河を作り、巨大な氷となって海に切り落とされていったもの。南極や北極など極地を旅行しないと実物を見ることはできない。一方、流氷とは海の表面で海水が凍ったもの。アイスバーグほど厚くはなく、冬の北海道などでも見ることができる。アイスバーグとはどのぐらい大きいのだろう。どんな形をしているのだろう。

アイスバーグに関しては、南極への航海を何度も経験しているロシア人クルーが一番信頼できるだろう。まず、彼らに聞いてみることにした。

「アイスバーグ・コンペティションがあるんだけど、みんなは何日頃だと思う?」

おはよう、こんにちはなど挨拶はしていたが、英語をあまり話さないロシア人クルーに話しかけたのは初めてだった。私は英語は多少は分かるが、ロシア語はまったく分からない。一方、ロシア人クルーは、船長と航海士のコスタを除いて、英語はほとんど話さない。私が彼らと会話するには助っ人が必要だった。ロシア語が分かるのは参加者の一人、イギリス人のヘレン。彼女に助けてもらいクルーに尋ねた。流氷の多い年は、緯度の低いところまでアイスバーグが現れるという。今年はいつもより早く現れるのではないだろうか。彼らの間では一月一四日頃に遭遇するだろうという意見が一番多かった。今日は一一日だから、初めてのアイスバーグが見られるまであと三日か……。私は、一月一四日正午と書いて投票した。みんなの予想も一三日もしくは一四日で、時間が数時間違う程度だった。どうか、豪華商品が当たりますように……。

この日をきっかけに、ロシア人クルーとも話をするようになった。私は彼らに、ブラフ港でショカルスキー号に乗り込んで以来の素朴な疑問をぶつけてみた。

「ショカルスキー号は、ロシアの船なんでしょ。どうしてニュージーランドから南極に向かっているの？」

コスタや他の乗組員の話をまとめると、こういうことだった。私は、ロシア語はまったく分からないので、多少の翻訳間違いがあるかもしれないが、ご了承いただきたい。

「ショカルスキー号の正式名称は『アカデミック・ショカルスキー号』。つまり学術調査船なんだよ。ショカルスキー号は、ロシアがまだソ連だった頃に造られたんだけど、ソ連が崩壊して自由経済になり、ロシアでの仕事がなくなったんだ。でも、ショカルスキー号はよい装備がついているし、流氷も割って進めるからね。ペレストロイカの前は、北半球が冬になる一二月から二月は厚い流氷に閉じ込められてしまうから、ショカルスキー号は仕事ができなかったんだ。でも、ペレストロイカのお陰で、海外の仕事も自由にできるようになったので、冬の間、南半球に来れば、南極に行くような仕事も受けられるようになったんだ」

「なるほど。ロシアの船は、普段から北極海の流氷で鍛えてるんだから、南極に行くにはぴったりよね。南極に行くのに、ロシア人クルーほど信頼できる者はいないわ」

ヘレンは、ロシアびいきだった。コスタによると、南極観光を主催しているのは、アメリカやニュージーランドの会社だが、使われている船はほとんどロシアの船だということだった。

「ショカルスキー号の母港は、日本の近くのウラジオストクだよ。一〇月にウラジオストクを出発して、南極に来る前に、パプアニューギニアでイギリス人のダイビングツアーをやったんだよ。それからニュージーランドに南下してきて、ロドニーの会社の仕事で一月と二月にそれぞれ南極に二回行って、それからインドネシアまで北上してドイツ人のダイビングツアーをやって、北海道で日本の海洋調査の仕事をして、五月にはようやくウラジオストクに帰るんだ」

最初のアイスバーグは、みんなの予想より早くやってきた。一二日午後三時、クルーが左舷《さげん》前方を指さした。肉眼で確認しようとしたが、ぜんぜん見えない。コスタが双眼鏡を貸してくれた。覗《のぞ》いてみるとそこには、米粒ほどのアイスバーグが見えた。アイスバーグと言われなければ、ただの流氷と見間違えてしまいそうなものだった。船が進むにしたがってアイスバーグは大きくなり、やがて肉眼でもはっきり見えるようになった。淡い水色のアイスバーグだった。離れているので大きさはよく分からないが、前方に塔のようなものがあり、岬に建つ灯台のようにも見える。

「あれが、アイスバーグというものなのか！」

みんなの間に、アイスバーグフィーバーが起こった。参加者の大半とスタッフ総勢五〇人以上がブリッジに集まり、ブリッジは大混雑となった。私たちは、一つめのアイスバーグを皮切りに、二つめ、三つめ、四つめ、五つめと数え始めた。

ロス海の入り口では、融けて小さくなったアイスバーグが漂っている。

アイスバーグ・コンペティションの豪華賞品は、オーストラリア人のピートが受け取った。賞品はシャンパンだった。エンデビーズバーに集まったみんなに、ピートの賞品はあっという間に飲み干されてしまった。

ロドニーは、全員をレクチャールームに集めた。

「皆さん、ショカルスキー号は今日、南緯六〇度を通過します。ここから先、南緯六〇度以南に立ち入る者は、南極大陸においても、海域においても、南極条約を守らなくてはなりません。南極条約というのを聞いたことはありますか？」

ロドニーのいつになく真剣な口調に、重要な話であることが分かる。

「南極には国はありません。南極に行くのにパスポートも必要ありませんし、ビザも必要ありません。行きたければ、誰でも自由に行くことはできます。アメリカ、ロシア、イギリス、ニュージーランド、アルゼンチン、日本などが南極に基地を作り、各国

南極圏（南緯66度33分）通過の瞬間。証明書を一人ずつ受け取った。

気温が下がると海面に流氷ができ始める。薄く張った流氷を割って進む。

が南極での領土権を主張するようになりました。一歩間違うと戦争に発展しかねないわけですね。そういう衝突を避けようと、南極で科学調査を行っている国が集まって、自発的にルールを決め、南極条約を批准《ひじゅん》しました。南極条約の精神はこうです。『南極のすべての活動は、平和と科学のために行われること』。領土を主張したり、武力行使したりというのは、認められないということです。一切の開発行為は禁止されていますし、鉱物・石油の発掘、野生動物を捕獲したり、生態系を壊すような行為も禁止されています」

ロドニーは、南極条約の項目を分かりやすいようスライドで示した。

「では、私たちのように南極へ行く観光客は、南極ではどう振舞ったらいいのでしょうか。南極ツアーを主催している旅行会社が集まって、ＩＡＡＴＯ（イアート）という団体を作っています。南極へリテイジ・エクスペディションズ社も、ＩＡＡＴＯの会員です。南極条約の考え方に基づいて、南極観光がどうあるべきか、南極観光の自主ルールを作りました。この中には、南極での観光客の振舞い方が、一つ一つ決められています。細かいことばかりですが、必ず守ってください。一つ、南緯六〇度以南では、ゴミはすべて持ち帰ります。どんな小さなゴミも船から捨てないでください。一つ、南極のユニークな生態系を守るために、他の地域の生物を持ち込んではいけません。同様に、生物も、氷も、たとえ小さな石ころでも、持って帰ってはいけません。一つ、南極大陸に上陸する前、船に戻ったとき、必ず靴の裏と三脚の先を洗剤で洗ってください。持って帰れるのは、写真だけです。一つ、ここからはいっそう五メートル・ルールを厳守してください。生物を観察するときは、五メートル以上離れて観察すること……」

ロドニーは、ＩＡＡＴＯの自主ルールを次々と読みあげていった。

最初のアイスバーグから一昼夜過ぎたが、まだ陸地は見えない。南極大陸への長い船旅が続く。もう数十個以上のアイスバーグが通り過ぎただろうか。過熱気味だったアイスバーグフィーバーも、落ち着きを取り戻した。午後からは濃い霧が立ち込め、流氷もアイスバーグも何も見えなくなった。目では見えなくても、レーダーは海にたくさんのアイスバーグが浮いていることを示している。ロシア人クルーはレーダーを常に監視し、濃霧の中を右へ左へと舵《かじ》をまわし、アイスバーグを一つずつよけ、船を進ませていった。

霧の立ち込める甲板で、ティナとビルがグラスを並べたり、お菓子を運んだり、忙しく行き来している。何が始まるのだろう。すると、船内放送がかかった。

「皆さん、甲板に降りてきてください。これからパーティを始めます。寒いですから、たくさん服を着て来てください」

皆の手には、温かいワイン、りんご飴、そしてお菓子が配られた。私たちはブリッジを見上げ、時を待った。

「ブォーーーー！」

ショカルスキー号の長い汽笛が、柔らかい霧の中に響き渡った。南緯六六度三三分、南極圏を通過する儀式だった。

「南極圏通過、おめでとう！」

「おめでとう！」「おめでとう！」皆口々に叫んだ。私たちは全員、「南極圏通過証明書」なるものを受け取り、おでこにペンギンのスタンプを押してもらった。そして、互いの南極圏通過を祝

流氷の上で休む海鳥。船が近づくと海鳥は一斉に飛び立った。

ニュージーランドを出発して10日目、ようやく南極圏に入る。真夏の国から真冬の大陸への大航海だ。
ここから先、白夜が始まる。

うべく、記念写真を撮りあった。今回の最高齢七九歳のニュージーランド人のジョンが、私の写真を撮ってもいいかと聞いてきた。

「もちろん！」

ジョンはアンティークになりそうな年代物のカメラ、「ヤシカ」を私に向けると、ガシャンと大きな音をたてシャッターを切った。彼はニュージーランドのオタゴ半島に住み、五〇年以上も牧羊と農業を営んでいる。小柄だが、骨ばった手とがっしりとした足腰をしている。二年前に最愛の奥さんに先立たれ、落ち込んでしまったのだそうだ。しかし、まだ自分にも何かできるのではないか、一人だからこそできることがあるのではないかと思い、長い間夢見ていた南極旅行に参加したと言った。

どうして私の写真が欲しいのかと、ジョンに聞いた。すると光栄なことに、ジョンにとって私は生まれて初めて会話をした日本人なのだという。ジョンはさらに付け加えた。

「ワシが若かった頃は、まだ人種差別があった時代で、いろんな国の人々がこんな風に同じ船で一緒に旅をするなんて考えられなかった。ワシはニュージーランドから出たことはほとんどない。でも今、こうやってなぁ、ロシアの船に乗って、ニュージーランド人も、日本人も、ヨーロッパ人も、アメリカ人も、みなわけ隔てなく一緒に南極に向かっている。とうとうこんな時代がやって来たんだなぁと、嬉しく思っていたんだよ」

ジョンは目を細め、おめでとうと皆が騒ぐのをとても満足そうに眺めていた。南極に国はない。南極に国境は存在しない。優しい霧に包まれながら、私たち旅人を乗せたショカルスキー号は、南極圏をゆるやかに越えていった。

7　アデリーペンギンの野望

アデア岬

本日の予定表が配られると、どよめきが起こった。そこには、「上陸」の文字があったからだ。これまでも、初めてのアイスバーグ、南極圏通過など記念すべき瞬間はあったが、今日こそが「南極大陸、初上陸の日」なのだ。ショカルスキー号は南から西へ大きく舵《かじ》を切った。南極大陸アデア岬まで、あともう十数キロ。薄く張った流氷を割り、大きなアイスバーグをよけ、船は西へ西へと進んでいった。

数日間続いていた霧はすっかり晴れ渡り、見上げると目が痛くなるほどの青空が広がっている。温度計は摂氏四度を示していた。こうなるともう、船内になどいられない。南極大陸を見るために全員が甲板に出ていた。流氷の上には、くつろぐアデリーペンギンの一群。アデリーたちは船の大きさに驚き、あわてて海へ飛び込んだ。そして、ショカルスキー号を導くかのように、船の前を次々とジャンプして泳いでいった。右に、左に巨大なアイスバーグが待ち構える。

アイスバーグの先に見えたもの――それは、思いもかけず、真っ黒な山肌を持つ山脈であった。南極大陸は、威風堂々《いふうどうどう》たる姿を私たちに見せていた。ショカルスキー号はここで錨《いかり》を降ろし、ロドニーも甲板へ降りてきた。

「今日は、アデア岬に上陸する予定です。アデア岬は、ロス海と南氷洋がぶつかる場所で、潮の流れが変わりやすく、難所と言われています。海を見てください。さっきまでたくさんあった流氷が、みるみるうちに少なくなっていったでしょう。この逆の現象が起こると、岬が流氷で閉ざされてしまうこともあるんです。これからゾディアックで上陸しますが、流氷の様子はショカルスキー号から監視しています。岬が流氷で覆われそうになったら、ショカルスキー号から長い汽笛を三度鳴らしますので、すばやく上陸した地点に戻るようにしてください」

ゾディアックは、流氷の間をジグザグに縫うように進んでいった。海の表面は、川のように流れている。秒速数メートルで、流氷が右から左へすごい速度でやってくる。海岸はすぐ近くに見えたのに、川のような流れと流氷の塊にはばまれて、なかなか岸に近づけない。

「ノープロブレム、ノープロブレム」

私たちのゾディアックを運転していたのはロシア人のコスタだった。コスタはゲームでもするように、次々と氷の塊をかわした。突然流氷が途切れ、目の前に海岸が現れた。コスタは玉砂利《じゃり》の海岸に、ゾディアックを押し上げた。私たちは、舳先《へさき》から海岸へ飛び降りた。

待ちに待った、南極大陸初上陸の瞬間！　格好よく決めたかったが、玉砂利にザクザクと足を取られよろめいてしまった。波がかからない場所まで昇り、後ろを振り返った。そのままぐるっと三六〇度見渡した。私がそれまで想像していた南極大陸などとはまったく比較にならない圧倒的な光景だった。

滑らかな海面には、氷がいくつもいくつも流れてくる。海水は清流のように澄み、海底の砂利の一つ一つがくっきりと見える。流れてくる氷には、アデリーペンギンが乗っていた。水平線の

真っ黒な岩肌のアデア岬が姿を現した。アデリーペンギンが慌てた様子で、海へ飛び込もうとしている。

潮が速く船の難所と呼ばれるアデア岬。精悍なゾディアックがアイスバーグや流氷の間を走り抜ける。

アデア岬に広がる平地では、28万番のアデリーペンギンが子育てをしている。

南極大陸へ初上陸。ゾディアックへの乗り降りは緊張する瞬間だ。

かなたまで続く真っ白な氷。流氷は太陽の光を受け、まばゆく輝いていた。もし水の精が存在するならば、間違いなくこの場所に現れるはずである。真っ白な静けさに、心を吸い取られてしまいそうだ。

「チャポン」

静けさをやぶる水の音が聞こえた。アデリーペンギンが海の中へ飛び込んだ音だった。音もなく水の中をスーッと泳いでいくのが見える。そして、大きくジャンプすると、氷の上に飛び乗った。体をぶるぶるっと揺らし、したたり落ちる水を切った。

南極にいるとは思えないほどの暖かさだった。帽子もマフラーも外し、ジャケットの前を開け、大きく伸びをして氷の上に寝転がった。

「ギャギャー！……ギャギャー！……ギャーギャーギャ！」

南極での優雅な昼寝は、ものの五分もしないうちに、けたたましい鳴き声によって打ち破られた。

「ちょっと、すみませんけど！　そこは私たちの通り道なんですよ。悪いけど、どいてくれません！」

とでもいうように、二〇羽ほどのアデリーペンギンの一群がやってきた。うるさい鳴き声に私は体を起こした。先頭の数羽は私を避けて遠回りするように歩いていたが、一羽が私の足元を通ると、残りの一五羽ほどは彼に倣い、私の足元を通っていった。海まで行くと、二〇羽のペンギンはひと塊になり、お前先に入れよ、やだよ、お前が先に行けよといわんばかりに、押し合いへし

パタパタパタパタと小走りにやってくるアデリーペンギンの一群。重心を左右に揺らし走る姿がとても可愛い。

愛らしい表情を見せるアデリーペンギン（Adelie Penguin，*Pygoscelis adrliae*）

合い……一羽が海に落とされると、みんなバシャバシャバシャバシャと一斉に海へ飛び込んだ。

人間のように二本足で立って歩いてはいるが、前のめりになり、一歩進むごとに右へ左へと体の重心が移動する。一〇羽も二〇羽も一緒に動くと、あっちにワラワラ、こっちにワラワラ、一羽が走り始めると、みんな倣っていっせいにパタパタ、パタパタ、パタパタパタパタ。まったくもって落ち着きがない。

至近距離にニンゲンを発見すると（もっと前に見えていると思うのだが）、白丸に黒のマジックで描いたような目で、ギロッとこちらを睨《にら》む。ペンギンは目が横についているので顔を横にして睨むのだ。頭の後ろの毛が寝癖のように少し逆立っている。右に向いては睨み、左に向いては睨みと交互に睨まれると、おかしくて吹き出しそうになる。私は、笑いをかみ殺すので必死だった。

アデア岬には、南極大陸最大といわれる二八万番《つがい》のアデリーペンギンの繁殖コロニー（ルッカリー）がある。ペンギンと言われて日本人がまず想像するのが、このアデリーペンギンだろう。アデリーペンギンは、体長五〇～七〇センチの小型のペンギンで、体色は白と黒の二色でシンプルに塗り分けられている。

アデア岬のアデリーペンギンは、子育ての真っ最中だった。巣は小石を集めただけの簡単なものだ。巣のそばに、黒く汚れたふわふわした塊があったのだが、それがアデリーペンギンの雛だと分かるまで少し時間がかかった。小さな雛は、ほとんど動かずに地面に伏せている。一羽の雛を見ていると、母親らしきアデリーペンギンが戻ってきた。母親がカッカッカッカッーと鳴くと、雛はヒーヒーと、か細い鳴き声をあげた。二八万組のコロニーの中で、母と子が再会した瞬間だと思うと感慨深い。口をあける雛に、母親は内容物を吐き与えた。

すぐそばには、かなり大きく成長した雛がいた。まだ黒い毛をまとっているものの、大人のペンギンと大きさはほとんど変わらない。しかも、その雛は、ギャッギャッギャーと鳴き叫びながら、母親ペンギンを追いかけまわしていた。

「お腹すいたよー。こんなんじゃ足りないよ。もっともっと餌《えさ》ちょうだい！」

コロニーの中を逃げまわる母親ペンギン、どこまでもどこまでも追いかける雛。

　これだけ大繁殖しているアデリーペンギンだが、彼らにも天敵はいる。スキュアーと呼ばれるナンキョクオオトウゾクカモメだ。カモメというより、雰囲気はカラスに近い。彼らはコロニーのすぐ近くに陣取り、雛を常に狙っている。時折、ペンギンの巣を低く飛行し、小さな雛に襲いかかる。しかし、私が観察していた限りでは、雛の捕食には成功しなかった。アデリーペンギンのコロニーから少し離れたところで、私はスキュアーの雛を発見した。ほわほわとした毛玉から、にょきっと足が二本出ている。ぬいぐるみのように可愛い。憎きスキュアーめ！　と嫌っていたが、スキュアーも子育てに必死だったのだ。ロス海最大といわれる巨大なコロニーで見かけたスキュアーの数は、そう多くはない。スキュアーに襲われるペンギンというのは、実際はそれほど多くないのだろう。

足元近くまでやってきたアデリーペンギン。

「ボォー、ボォー、ボォー」

ショカルスキー号を眺めるアデリーペンギンの群れ。

長い汽笛が三回鳴った。ショカルスキー号が、帰る合図を教えていた。ゾディアックの待つ海岸に戻ると、エンジニアのジョンが、自分の持っていた双眼鏡を覗《のぞ》くように言った。

「ユリ。あそこの山の上を見て。赤黒い山肌に、白と黒の動くものが見えない？」

ジョンの双眼鏡を借り、山の頂上付近にピントを合わせた。

「思うんだけどさあ、あれって、アデリーペンギンじゃない？」

とジョンが言った。山頂付近に見える雪のような白。双眼鏡で覗くと、アデリーペンギンの胸の白色であった。

「うん、確かにアデリーペンギンだね。ん？……なんで、あんなところにいるの？」

そこは、標高五〇〇～六〇〇メートルはある山の頂上付近。ペンギンは海で漁をする鳥なのに、険しい山に登る必要があるのだろうか。山の頂上や内陸部に、彼らの餌があるとは考えられない。人間との身長差（足の長さ）を考慮に入れると、富士山クラスの山に登っているとも考えられないだろうか。それも一羽や二羽ではなく、数百羽以上が斜面を登っていた。

「うーん、僕もそれを考えていたところなんだよ。何をやってるんだろうね。エクササイズかハイキングの一種かな……。もう、このアデア岬は狭すぎる。あの山の向こうには俺たちの新しい世界が待っていると、南極探検に出かけているのかもね。先頭にいるのは、たぶんスコットかアムンゼンって名前だね」

アデリーペンギンの親子。雛の濃いグレーの産毛は保護色になっている。

小屋の廃材を利用して巣作りをしている。アデリーペンギンにとって小石は貴重品で、ときどき取り合っている。

南極大陸での繁殖に大成功したアデリーペンギン。南極大陸全体で、その生息数は一五〇〇万羽以上。地球温暖化が一因となり、アデリーペンギンは増え続けているという。この広大な南極大陸も、彼らにとってはもう狭くなりつつあるのだろうか。いつの日か、暑さに適応し進化を遂げたアデリーペンギンが南氷洋を越え新大陸へやってくるのも、もうそう遠くないのかもしれない。

ナンキョクオオトウゾクカモメの雛。ふわふわとした丸い形は石の間に隠れるためにちょうどいい。

ナンキョクオオトウゾクカモメの成鳥。
（South Polar Skua, *Catharacta maccormicki*）

8 氷と岩石の惑星――小さな宇宙旅行

「皆さん、おはようございます! さあ、エクスカーションの時間です。今すぐ起きて、急いで服を着て、甲板に出て来てください。イネクセプレシブル島のすばらしい朝陽です。You MUST see it! 見ないと絶対後悔しますよ。さあ、起きた! 起きた!」

午前三時四五分、起床を知らせるロドニーのアナウンスが船内に高らかに響き渡った。ヘリテイジ・エクスペディションズ社の南極ツアーは、白夜の太陽に倣い、二四時間体制で行われていた。朝三時四五分にすばらしい朝陽が出ていれば、すぐさま起床、そしてエクスカーションとなる。もちろん、参加するしないは各自の自由なのだが……。昨夜ベッドに入ったのは午前二時過ぎ。あまり深い眠りについていなかった私は、すぐに飛び起き、ジャケットを羽織ると甲板へ出た。

ロドニーが力強く発音した「MUST《マスト》」は、信じるに値するものだった。船の外は、光で満ち溢れていた。鏡のような海面が朝陽を反射し、氷と岩の大地が、そのまま海に映し出されていた。太陽の光は、海で膨らんでいくようだった。朝陽で輝く島の名は、イネクセプレシブル島(Inexpressible Island)という。舌を噛んでしまいそうなこの言葉「イネクセプレシブル」は、英語で「表現不可能な」を意味する。

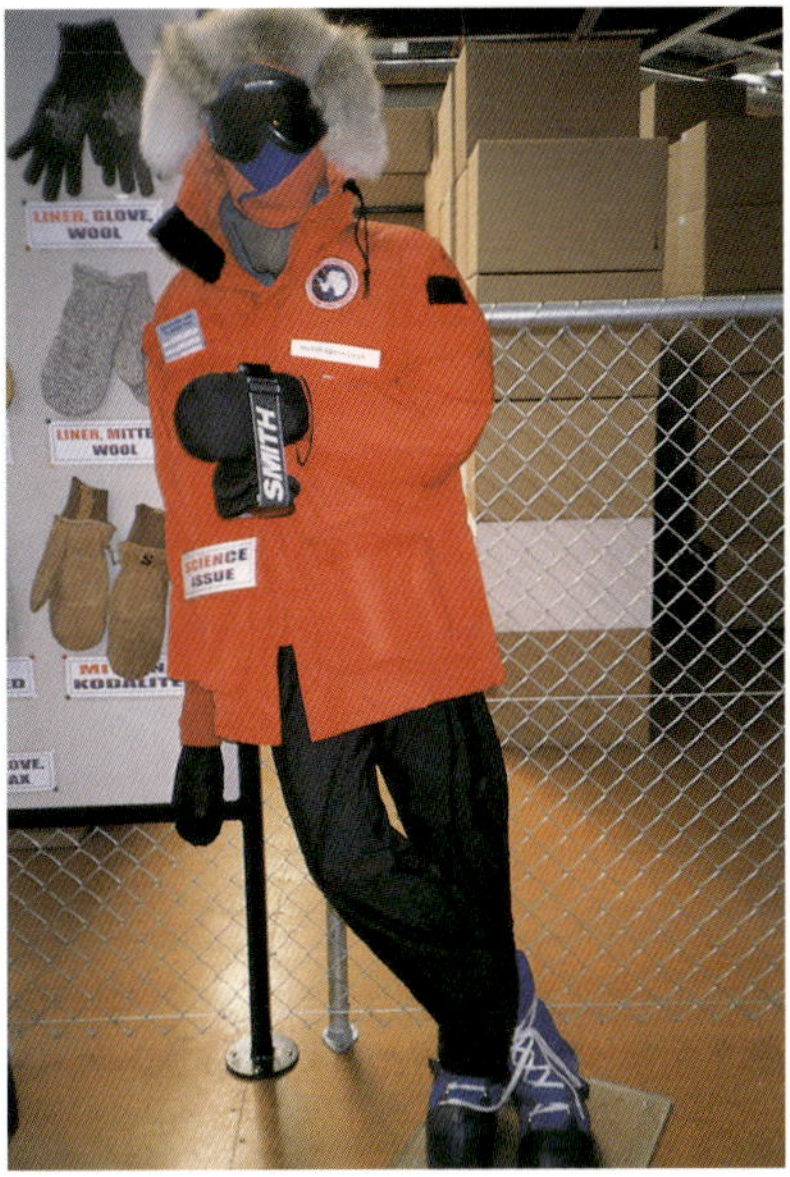

南極における野外での服装。化学繊維のジャケット、マフラー、手袋、帽子、ゴーグル、フェイスマスク、ここまで装備すれば完璧だ。

これからエクスカーションに出るというので、私は、南極服の装着にとりかかった。船内は暖房が効いているため、常に二〇度以上に保たれている。船内では普通の服で問題ない。しかし、外に出るためにはしっかりと着込まなくてはならない。まず、下着の上に、雪山登山用の超厚手アンダーウェアを長袖、タイツと着込む。その上にウールのセーター、寒いときはさらにフリースを着る。下は、フリースのズボン（寒いときは二枚重ね）を履く。そして防寒用の赤いジャケット、下はフリースズボンの上に、風を通さないゴアテックス製のズボンを履く。赤いジャケットは、ツアー参加者全員に支給されたもの。赤は遠くからでも一目でわかる安全色のため、野外での装着が義務づけられているのだ。しかし、これで終わりではない。さらに毛糸の帽子を被り、首にマフラーを巻き、サングラスもしくはゴーグルをかけ、手には毛糸の手袋、その上にスキー用の分厚い手袋。足は登山用の靴下に、毛糸の厚い靴下を重ねて履く。これでも寒い人は長靴の中に中敷を入れる。最後に、海に落ちたときの安全のため、赤いジャケットの上からライフジャケットを装着して、南極服の装備完了である。

　準備が整うとゾディアックに乗り、イネクセプレシブル島へと渡った。空気は澄み、やわらかい雲がはるか彼方の山脈へ流れている。大きく深呼吸した。マフラーの隙間から口元に、冷たい空気が流れ込んだ。とても乾いた空気だ。もちろん、排気ガス臭をおびた都市の空気とはまったく違う。緑むせる森林の空気とも、海沿いの湿気を多く含んだ空気とも違う。凛《りん》とした混ざり物の一切ない空気だ。

私は、氷と岩石が広がる世界を見渡した。一羽のアデリーペンギンが出迎えにやってきた。桃色の二本の足でパタパタパタパタパタと足跡をつけながら、私たちの横を通って行く。左手の流氷の上には、ウェッデルアザラシが怠け者の門番のように寝そべっていた。手を振るように何度か頭をなでると、ぐるんと向きを変えた。

イネクセプレシブル島の小高い山を見上げた。山というべきなのだろうか。むき出しの岩石が山を形づくっている。足元には凍てつく氷。何枚も重ねて履いた靴下から氷の冷たさが、じんじんと伝わってきた。歩いて足を暖めていないと足の指先に痛みを感じる。

南極大陸の平均気温は、冬でマイナス四〇度からマイナス七〇度。夏にはマイナス一五度からマイナス三五度。しかし沿岸部はここまで寒くはなく、夏の南極半島でプラス五度からマイナス五度、緯度の高いロス海は零度からマイナス一五度ほどである。一般には「ブリザードの吹き荒れる南極」というイメージがある。しかし、南極の積雪量は年間五センチ以下で、砂漠の降雨量と変わらない。南極のブリザードは、一度降った雪が強い風で巻き上がって起こっているもので、実際の南極は雨の降らないたいへん乾いた大陸なのである。特にロス海の西側は、世界で最も乾燥した場所であるドライバレーがある。少なくともこの二〇〇万年、雨が降ったことがない。地球上のどこを探しても、このようなユニークな気候は他にない。

南極大陸を空から見ると、九九パーセント近い地面は氷で覆われている。南極大陸の平均標高は海抜二二五〇メートル。大陸は、アイスキャップと呼ばれる分厚い氷で覆われている。氷は一番厚い場所で四五〇〇メートルにも達し、その重さで南極大陸を沈めている。もし、南極の氷がすべて溶けてしまったら……南極大陸は浮き上がり、地球の平均海水面は七〇メートル上昇し、多くの島々が海面下に沈んでしまうと推測されている。

頭の先から足の先まで南極服に身を包んだ体は、モコモコして自由がきかない。大きな綿に包まれているようで、一つ一つの動作がもどかしい。こんな重装備でいると、何の装置もつけずに、ここで普通に呼吸ができること自体が不思議な気がしてくる。この場所で、私のようなごく普通の人間が、珍しい生き物と出会ったり、普通に歩いたりできることが不思議なのだ。防寒着を着ていなければ、私たちは、ここに一〇分もいられないだろう。氷と岩石で形作られる世界を、赤い服に身を包んだ人々がゆっくりゆっくりと歩いている。先ほどから視覚に感じる違和感。この光景は、宇宙への旅を連想させる。宇宙船ショカルスキー号に乗り込み、地球でないどこか他の惑星、氷と岩石の惑星に舞い降りたのではないだろうか。ぶ厚い宇宙服に身を包み、慣れない惑星でぎこちなく動きまわる私たち。天空を見上げると、太陽は地平線をなでるように進み、相変わらずおかしな動きを続けていた。

私たちは、地質学者のマーガレットに続いて、緩やかな坂道を登っていった。彼女は、直径一メートルほどある大きな岩を指差してこう言った。

「ほら、面白いものがあるわよ。岩の表面が少し削れてるでしょ。シミみたいなものが見えないかしら?」

イネクセプレシブル島に上陸。凛とした空気に包まれる。

出迎えてくれたウェッデルアザラシ（Weddell Seal, *Leptonychotes weddelli*）

岩の表面にはたくさんのくぼみがあり、黒や黄色に染まっていた。マーガレットは、宇宙の珍しい植物を説明する科学者のようにこういった。

「そのシミはね、南極で唯一の植物なの。植物に見えないかも知れないけど、コケ類の一種で、岩を少しずつ削って栄養にして、南極の太陽の光で光合成《こうごうせい》をしながら生きているのよ」

珍しい植物がある一帯は、大きな岩がごろごろと転がる平原が続いていた。平原の中央に、奇妙な赤い球体が見えた。何だろう？　不思議な形に惹かれ、赤い球体に近づいてみた。人が一人か二人入れるほどの小さな球体で、小さな窓がついていた。窓からそっと中をのぞくと、机や小さな椅子があった。誰もいない。今は使われていないようだった。赤い球体はアップルと呼ばれ、研究者の観測所として使われているそうだ。研究者は、この小さな球体の中で、調査が終わるまで孤独と戦い続けるのだろうか。


「どうして、南極で地質学なのかって？　南極ほど地質学が面白いところはないのよ」

マーガレットは、いい質問ね！　と目を輝かせた。

「ほら、向こうに高い山脈が見えるでしょ。あれが南極横断山脈。この山脈の向こうは東南極と呼ばれる地域。東南極は、とてもとても古い地層が氷詰めになって、そのまま残っているのよ。どのぐらい古いかわかるかしら。three billion 前の地層が残っているのよ」

私はマーガレットに、計算するので少し待ってほしいとお願いした。three billion 前は……billion は一〇億だから……えっと……三〇億!?　なんと三〇億年前の地層であった。地球が生まれたのが四六億年前、地球に初めて生命が誕生したのが三八～三五億年前。そんな太古の地球の姿が、

なだらかな岩石の丘と氷の大地が続く南極の風景。宇宙への旅を想わせる。

氷点下にもなる寒さの中で成長する地衣類（Lichen：コケの仲間）

南極の氷の下には閉じ込められているのだ。

「南極には、地質学者が泣いて喜びそうな古い古い地層が、そのへんにゴロゴロしているの。南極の地層を調べると、地球が生まれた頃の姿が少しずつ分かっていくのよ」

昔、すべての大陸はゴンドワナ大陸と呼ばれる一つの大陸でつながっていたと考えられている。それから長い年月を経て大陸は移動し、ユーラシア大陸、南北アメリカ大陸、アフリカ大陸、オセアニア大陸、そして南極大陸と分かれていった。今は、氷で閉ざされている南極大陸も、その昔は温暖な気候で恐竜が闊歩《かっぽ》するような時代もあったのだという。どこまでも広がる氷と岩石の世界。どこまでも広がる荒涼とした光景に、神々しさのようなものを感じずにはいられない。

宇宙船ショカルスキー号が舞い降りたこの惑星は、生命が生まれる前の惑星の姿なのだろうか。それとも、生命がいなくなった後の惑星の姿なのだろうか。

9 寒中水泳大会 in 南極

テラノバ湾

「みっなさーん、おっはようございます。ごっ機嫌いかがですか？　本日の天候は、くもり。右も左もアイスバーグ、アイスバーグ、アイスバーグ。今日もアイスバーグ日和ですよ〜。さてさて、本日の予定です。九時から寒中水泳大会、楽しみですね。参加ご希望の方はサリーまで。それから、お昼ごはん……今日のティナのスープは何かしらね。午後からはテラノバ基地の訪問です。みなさん、パスポートは忘れずにね。ほらほら、まだベッドから出られないのは、誰ですか……ベッドに吸い込まれないで、さあ、起きましょう！」

毎朝、サリーのご機嫌なモーニング・アナウンスで目が覚める。サリーは、朝食が終わる頃までにその日の予定表を作り、全員に配ってくれた。キャビンに予定表を持ってきたサリーがこう言った。

「ユリ、水着を持ってきてる？　寒中水泳大会、若者は全員参加よ。持ってないんだったら、Tシャツと短パンでもいいわよ」

「寒中水泳大会って、氷が浮いている海で泳ぐの？」

「もちろん！」

朝のアナウンスは、冗談だと思っていた。ドライスーツは持っていたが、水着は持っていない。

氷の浮かぶ海で水着で水泳なんて、想像するだけで鳥肌が立つ。

「泳がないの？　まぁ、もったいない。楽しいのに……」

寒中水泳の挑戦者、マーク、サリー、ティナ、ビル、ハーリーは水着に着替え、甲板に並んだ。

「心臓麻痺なら僕に任せろ！　人工呼吸に心臓マッサージばっちりだ！」

船医のドクター・デイビッドが、寒中水泳隊専属トレーナとして配置についた。

一番乗りのマークは、首に羽織っていたマント（バスタオル）をトゥリーシュに投げ、水着一枚になると、階段を颯爽と駆け下りていった。彼女のトゥリーシュは心配そうに、マークの姿を目で追っている。階段の一番下まで行くと、薄く氷が張った海へジャボーンと足から飛び込んだ。うわー、冷たそうだ。バリ、バリ、バリ、氷が割れ、マークは頭の先まで海に浸かった。一、二、三秒。マークは階段へと飛び上がり、階段を勢いよく駆け上がってきた。バスタオルを渡すトゥリーシュに向かって、マークはこう言った。

「Will you marry me?（僕と結婚してくれませんか？）」

トゥリーシュは何が起こったのかと目をぱちくりさせていたが、マークをバスタオルで包むと、溢れんばかりの笑顔で答えた。

「もちろん、よろこんで！」

「ブラボー！　ブラボー！」

寒中水泳を見学しようと集まっていた皆から、歓声の嵐が起こった。私も一〇〇パーセント寒中水泳大会だと信じていたので、びっくりしてしまった。なんてカッコいいプロポーズだろう。マークとトゥリーシュの婚約を祝うべく、サリー、ハーリー、ティナ、ビルが次々と水着一枚で氷の浮かぶ海へ飛び込んでいった。

その後、流氷の上で、マークとトゥリーシュの婚約式が執り行われた。流氷の上には、やわらかい雪が降り積もっていた。南極の雪はとてもやわらかい。手でつかもうとしても、固まらない。指の間からさらさら、さらさらこぼれて行く。流氷の上にアルゴ号を降ろし、マークとトゥリーシュを乗せた。みんなの手にはシャンパンのグラスが行き渡った。ロドニーが乾杯の音頭をとった。

「本日、南極のテラノバ湾で、勇敢な青年マークは、南極の海へ水着一枚で飛び込みました。その直後のマークのプロポーズを、私たちは確かに見届けました。私たちは、マークとトゥリーシュの婚約の立会人として、若いカップルの前途を祝したいと思います。マーク&トゥリーシュ、婚約おめでとう!」

「おめでとう!」

マークとトゥリーシュを乗せたアルゴ号は、流氷の上を大きく一周した。私たちはさらさらと花びらのように舞う雪を、マークとトゥリーシュへ向けて投げかけた。婚約式はいつの間にか雪合戦になり、みんなで雪をかけあった。私はふかふかの雪のベッドに戯れ、雪の上に寝転び、大きく伸びをした。気持ちいい。頭の上から、ドサッと雪がひと塊落ちてきた。マークとトゥリーシュの仕業《しわざ》だ。一時間もすると、足の先から頭の上まで雪だらけになってしまった。スノーモービルに乗せてもらったり、雪の中を走り回ったり、南極の休日を心行くまで楽しんだ。

帰国後、トゥリーシュとマークから手紙が来た。手紙には、こう書かれていた。

ユリ、お元気ですか？　コウテイペンギンの写真どうもありがとう。コウテイペンギンの訪問は、忘れられない思い出ですね。この写真、額に入れて飾ろうと思います。僕たちにとっても、婚約式をした南極の旅は、本当によい思い出になっています。そうそう、結婚式の日取りが決まりました。来年の夏、北極で結婚式を執り行う予定です。

マーク＆トゥリーシュ

10 大地の傷跡

イタリア・テラノバ南極基地

旅行前に送られてきた日程表には、イタリア南極基地「テラノバ基地」と、アメリカ南極基地「マクマード基地」への寄港が予定されていた。南極基地は、南極研究の最前線。いったいどんな場所なのだろうか。参加者の間でも、南極基地は話題の場所だった。

「南極基地を訪問すると、パスポートに南極到達記念のスタンプを押してくれるらしいよ！」

「テラノバ基地では、本格的なイタリアンカフェが飲めるらしいよ！」

「マクマード基地には、スーパーがあってお土産も買えるんだって」

そんなまことしやかな噂が、参加者の間に流れていた。

一月一八日。私たちは流氷の上でシャンパンを開け、マークとトゥリッシュの婚約式を執り行っていた。サラサラと乾いた南極の雪。日本の雪とはまったく違う。一掴《つか》み投げると、雪はまるで花びらのようにフワフワと散っていく。雪にたわむれていると、突然、白地に赤いラインのヘリコプターが、爆音とともに現れた。思わず耳をふさぎたくなるような人工的な騒音だった。ヘリコプターはわれわれの真上を低く旋回し、元来た方向へ飛んでいった。流氷の上の私たちからも、操縦士が無線で交信しているのがはっきりと見えた。このヘリコプターは、テラノバ基地訪問の受け入れ準備ができたとの知らせだった。

ロス海に入ってから、海は湖のように静まりかえっている。南極の山並みが、鏡のような海面に映り込む。山脈は、ヤスリで磨きこまれたかのような美しい曲線で形づくられている。白い氷と黒とグレーの山脈、青い空と海が織りなす世界。すべては緩やかな曲線で構成されている。南極大陸に到着してから、何日も何日もそんな風景が続いていた。

テラノバ湾が近づいてくると、何か異質な気配を感じた。何だろう？　船が湾に近づくにつれて、その異質な気配は徐々に大きくなっていった。見慣れた美しい大地だが、今まで見慣れてきた曲線とは何かが違う。なだらかな曲線を持つ大地の上には、直線と直角でできた小さな箱がいくつも並んでいた。それらの箱は、青とオレンジ色のペンキで塗られていた。

向こう岸の流氷には、イタリアンフィアットのジープ三台と、テレビカメラが待ち構えていた。

「ようこそ！　テラノバ基地へ」

陽気なイタリア人のスタッフが出迎えてくれた。テレビカメラは、イタリア放送局のものだった。私たちはゾディアックからフィアットジープに乗り換えると、基地へと案内された。

「今年はね、氷が多くて大変なんだよ。普段だったら、

イタリア南極基地（テラノバ湾）

船着場から基地まで歩いていけるんだけど、氷がこんなに張っちゃってね。車で二、三分だからちょっと我慢してね」

彼は、ジープをジェットコースター並みの勢いで運転した。ジープに掴まっているのが精一杯で、口を開こうものなら、舌を噛んでしまいそうだ。イタリア人運転手は、この間も途切れることなく、テラノバ基地の案内を続けてくれた。

しばらくすると氷は終わり、今度はこげ茶色の地面が現れた。山肌はブルドーザーで削られ、トラックが二台すれ違えるほどの道が作られていた。土の香りがしない、とても無機質な地面だった。丘を越えたところで車は止まった。

「それでは、テラノバ基地へご案内いたします！」

さらに陽気な男性三人組が、施設へと案内してくれた。

「どこが基地なのかわかりますか？　実は、皆さんの目の前にあるコンテナ、これが基地なんです。イタリア本国でコンテナを作って、船で南極まで運んできます。こちらの大きなコンテナは、メインの研究施設棟。地質の調査や気象の調査を行っています。あちらのコンテナは宿泊棟。向こうには電気を作るジェネレーター……」

コンテナとコンテナの間を、人がひっきりなしに歩いている。女性スタッフの姿も少なくない。荷物を運搬するフォークリフトが目の前を通っていった。

「さて皆さん、あることに気がつきませんか？　そう、コンテナとコンテナを結ぶ通路がほとんどないんです。ということは、施設から施設に行くときは、外を通らなくてはいけないんです。マイナス何十度にもなることもありますからね。研究施設から自分の部屋に帰るときは、もう命がけですよ。もちろん新人が一番遠い部屋です。わっはっは」

どこまでが本気でどこまでが冗談なのかわからないが、通路がある建物もあるし、明らかに独立している建物もあった。とにかくテラノバ基地は、夏の間しか使わないらしいので、なんとかなるのだろう。

「えーっと、きみは、日本人？　韓国人？」

イタリア人スタッフが、私に聞いてきた。

「日本人です」

「反対側に日本の基地があるだろ。ショーワ基地。君たちの掘削技術《くっさく》がすごいのは知ってるぞ」

掘削技術という英語がわからなかったが、彼らの大振りなジェスチャーに、掘るという意味であることは、すぐにわかった。

「日本人が来たんだったら、ぜひ自慢しておかなくては。日本の掘削技術はこれまでは世界一だったかもしれないが、掘る深さではイタリアも負けてはいないんだ。最近はいい勝負をしてるよ。俺たちは負けないぞ！　帰ったら、ショーワ基地に伝えといてくれよ」

コンテナの一群を通り抜けると、眺めの良い場所にでた。ショカルスキー号が停泊するテラノバ湾が見える。ヘリポートでは、先ほどの赤と白のヘリコプターが再び飛び立とうとしていた。一羽のナンキョクオオトウゾクカモメが、ヘリコプターの起こす風に負けまいと踏ん張っている。海からは、数本の巨大なパイプが大地を這い上がっていた。石油か海水を送るためのパイプだろう。大地にはビスが何本も打ち込まれている。私はその光景を見て、何かとても悲しい気持ちになった。

私たちがテラノバ基地を見学する様子を、テレビカメラが撮影していた。数人は声をかけられ、インタビューを受けていた。それほど大きな基地ではないので、一時間もすると出発地点に戻ってきた。吹きさらしの小さなログハウスのような建物に通され、そこでイタリアンカフェとクッキーが振舞われた。イタリアンカフェとは濃いエスプレッソのこと。ニュージーランド文化圏のショカルスキー号では薄いアメリカンコーヒーしか飲めなかったので、オーストリア人のジョセフは、ここぞとばかりに立て続けに三杯も飲み干していた。私も、断然ヨーロピアンコーヒー派である。体にキューンと沁みる熱い本格カフェを、一口、二口飲みながら体を温めた。

ヴェロニカが、ログハウスの壁を指差しながら私に聞いてきた。

「ユリ。ここに書いてあるの日本語でしょ。なんて書いてあるの？」

そこには、「平成何年何月何日ダレソレ参上」と書かれた日本語の落書きがあった。もちろん、日本語だけじゃない。英語、フランス語、ドイツ語、ハングル……。壁一面、修学旅行生の襲撃を受けたような惨状であった。基地を一周案内されたが、そういえば、建物の中には入れてもらっていない。この壁を見て、その理由が分かったような気がした。きっと、基地の中で落書きをした観光客がいたのだろう。落書きをするような観光客は、簡素なログハウスで十分。観光客専用に、この小屋を建てたのだろうか。もしかしたら、南極基地では、私たち観光客は招かれざる客なのだろうか。

基地を見学しているうちに、ヘリテイジ・エクスペディションズ社のスタッフのサリーが、各々のパスポートへテラノバ基地のスタンプを押してくれた。私は自分のパスポートにスタンプが押されているのを確認すると、大切に鞄の中にしまった。基地を案内してくれたイタリア人スタッフにお礼を言い、私たちはショカルスキー号に戻った。

夕食までまだ時間があったが、エンデビーズバーに行くと、七、八人が集まり、紅茶の会が始まっていた。私も仲間に入れてもらった。誰からともなく、先ほどのテラノバ基地の話になった。

「デイビッド。あなたは、イタリアのテレビ局にインタビューされてたじゃない。何て聞かれたの？」

車の中から見える風景。切り開かれた大地が印象的だ。

基地を見学する。コンテナの上には小型観測設備アップルが乗っている。

荒々しい自然の大地の上に基地は造られている。

今回のツアーには、デイビッドが五人もいたのでとても紛らわしい。このデイビッドはイギリス人のデイビッド。イギリスからタイに移り住み、現在はタイの建設会社の取締役をしている。アジアの文化をよく理解していて、おっとりとしたしゃべり方をする優しい印象の男性だった。奥さんに南極へ行きたいというと、「あんな寒いところ絶対嫌よ、一人で行ってちょうだい」と言われ、今回は実の妹のリズを誘い、南極ツアーに参加したのだという。デイビッドはこう答えた。

「どんな質問かって……。あなたは南極観光についてどう考えますかとか、南極基地を見学してどう感じたか、南極観光は自然を汚していると思わないか、ツアー代金はいくらぐらいかかったのか……。あんまりうれしい質問じゃなかったな。テラノバ基地のスタッフも親切に案内してはくれたけど、心から歓迎してるっていう雰囲気じゃなかったね」

写真家のジョセフが私に質問を投げかけた。彼はテラノバ基地では、ほとんどカメラを出さなかった。

「ユリ。きみは何を撮影してたんだい？　何か面白いものはあった？」

「うーん……。私はあの基地で、なんともいえない悲しい気持ちになった。道路を作るために山が削られて、パイプラインを作るために岩にビスが埋め込まれて……。もちろんそういう工事現場は、日本でも見慣れているけど、工事をした後、雨が降って、草が生えて、大地が受けた傷跡は少しずつ回復していくような気がする。でも、南極には雨は降らないし、草も生えないから、一度つけたブルドーザーの跡や、岩に打ち込んだビスもコンクリートも、つけてしまったらずーっとそのままで残っている。基地を見ていたら、人間のしていることって、こういうことなのかなって思って……」

私がこれだけの長い意見を英語で発言するにはかなり時間がかかるのだが、ジョセフとデイビッドは呆れずに最後まで聞いてくれた。そして、いつもは穏やかなデイビッドが声を荒げてこう言った。

「僕も、南極に来て一番がっかりした場所は基地だったよ。小規模のテラノバ基地でこんな風に感じるんなら、二〇〇〇人が住む南極最大の基地、マクマード基地を見たらどう感じるんだろう……」

南極で仕事をする研究者に、私たち南極を旅する観光客はどう映っているのだろう。観光は南極の自然を汚していると、南極観光に反対する科学者もいる。私たち観光客は、南極へ研究をしたり、調査しに行きたいわけではない。南極の大地に自分の身を置き、自然を感じたいだけである。南極とは科学調査し、研究するだけの場所なのだろうか。一人一人が南極の自然を感じ、畏《おそ》れおののき、そのよろこびを語り合う場所にはなりえないのだろうか。

11 南極探検家シャクルトンの小屋

ロス島

ガッゴーン、ガッゴッゴーン、ガッゴゴゴーンと、ショカルスキー号お得意の流氷割りが続いていた。私たちは、エレバス山のふもとにあるシャクルトンの小屋へ向かう予定だった。船体と硬い物が擦れるような嫌な音が続いている。これ以上、氷を割りながら進むのは難しいようである。シャクルトンの小屋があるロイズ岬一帯は、厚い氷が張り詰めていた。ロドニーはこんな時のために、とっておきの秘密兵器を用意していた。

甲板後方のハッチを開けると、クレーンを操作し、スノーモービルとゾディアックを流氷の上へと降ろした。そして、自作の連結装置で、ゾディアックとスノーモービルとを合体させ、新しい乗物を作りだした。ロドニーは作業を終えると、全員を集めてこう言った。

「皆さん、これからこの乗物に乗って、ロイズ岬へと向かいます。この乗物は、わがエクスペディションズ社が開発したばかりのアルゴ号といいます。今回、初めて南極に持ってきました。先日テスト走行しましたので、丈夫な流氷の上を走る分には問題ありません。楽しい乗物です！」

ハーリーが一番乗りで、ゾディアックによじ登った。私も負けじとよじ登った。馬車の荷台ほどの高さがある。なんて気持ちの良い高さだろう！　青い空に見渡す限りの真っ白な雪原が広がっている。眩《まばゆ》いほどの光。太陽の光で暖められた氷から蒸気が上がっている。南極とはいっても、

流氷の割れ目に板を渡し、一人ずつ渡っていく。

白い雪原を行くアルゴ号。頬にあたる風が心地よい。

黒い溶岩の上に建つシャクルトンの小屋。不思議なことに、この一帯には雪は降り積もっていない。

晴れている日はあまり寒さを感じない。陽だまりにいると、暖かささえ感じてくる。

「さあ！　出発しよう」

一二人を乗せたアルゴ号は、いとも簡単に動き始めた。するする、するすると氷の上を滑っていく。雪原を渡る風が、アルゴ号を駆け抜けていった。頬に当たる風はとても心地よい。

「さあ、皆さん、ここで一度アルゴ号から降りてください」。運転していたアランが言った。そこには、三〇センチほどのクラック（氷の割れ目）があった。アルゴ号に積んでいた二メートルほどの木の板を降ろし、クラックに渡した。

「皆さん、この板の上を一人ずつ渡ってください。流氷の縁は、氷が薄くなっているので歩かないように。もし落ちたら、マイナス二度の海ですよ。心臓麻痺を起こしかねませんから……」

なるほど、クラックはこんな風にして歩いていくのだ。全員が渡り終えると、板を二本渡し、その上からキャタピラを落とさないように、アランは慎重にアルゴ号を運転した。この動作を、クラックが現れるたびに繰り返した。

行く手には、雲の晴れたエレバス山（三七九四メートル）がくっきりと姿を現していた。エレバス山は地球最南端の活火山で、その優美さでは南極で一、二を争うといわれる。シャクルトン隊は、一九〇八年三月、このエレバス山の初登頂に成功している。アルゴ号が流氷の上を進むにつれて、エレバス山は徐々に大きくなっていった。シャクルトンもこんな風にしてエレバス山を目指し、南極大陸を縦断していったのだろうか。

小屋の外に置かれたゴミの山。90年も前に放置された食料の貯蔵箱などである。

南極には寒さに強い犬を連れて行った。犬はペットや犬ぞりとして南極遠征には欠かせない存在であった。

アランは、なだらかな雪原の終わりで、アルゴ号を停めた。真っ白な雪原の先は、真っ黒な溶岩がむき出しになっていた。白と黒の強烈なコントラストが、目にしみる。溶岩を越えると、黒い大地のくぼみにひっそりとたたずむ木造の小屋が現れた。これが、シャクルトンの小屋。イギリスの片田舎にでもありそうな、小さなアンティーク調の小屋だった。草一本生えていない溶岩の上に建つ小屋は、どこかアンバランスだ。南極の強い紫外線を受け、古びた感はある。しかし、ほとんど壊れることなく原形をとどめていた。

「皆さん、シャクルトンはもうご存知ですよね。アーネスト・ヘンリー・シャクルトン。彼は、アムンゼン、スコットらと競い、南極点を目指した探検家の一人です。シャクルトンは、一九〇八年に今私たちがいるこの場所、ロイズ岬に小屋を建て、南極点へ向かいました。南極点まであともう少し、南緯八八度地点まで到達しましたが、制覇できずロイズ岬に引き返してきました。小屋まではなんとかたどりついたのですが、その年、ロイズ岬一帯はあまりにたくさんの流氷に囲まれて、船を出すことはできませんでした。シャクルトン隊一五名は、この小屋で越冬することになったのです。マイナス五〇度にもなる真っ暗な南極の冬。ほとんど小屋の外に出ることもできなかったでしょう。この小さな小屋で約一年過ごし、シャクルトン隊一五名は、誰一人命を落とすことなく、全員無事に生還しました。私たちも小屋の内部に入ることができます。それほど大きい小屋ではありませんから、一度に入れるのは八人ずつです。靴の裏についた泥を持ちこまないように、気をつけて下さい」

後組になった私は、まず、小屋の外をぐるりと一周した。おびただしい数の、箱、箱、箱、そして、瓶詰、缶詰の残骸が小屋の周りには積み重ねられていた。シャクルトン隊が持っていった

窓から光が差し込み小屋の中は明るい印象だ。小屋の中央には大きな暖炉がある。

食料だそうだ。

表に回ると、可愛らしい犬小屋が二つ。そして、その横には馬小屋らしき跡があった。少し離れた所にはゴミ捨て場と呼ばれる場所があり、シャクルトン隊が捨てたゴミが残されていた。割れたビンの破片、開けられた缶詰。九〇年前に捨てたゴミは、そっくりそのままの形で残っている。南極条約ができてから、南極基地のゴミ、そして私たち観光客が出すゴミは、すべて内地に持って帰ることになっている。もし南極条約がなければ、南極はゴミだらけになってしまうだろう。

小屋の入り口では、マーガレットがブラシを持って待ち構えていた。室内に入る者は、靴の裏を厳しくチェックされる。一人、二人なら問題なくても、何百人、何千人という観光客が訪れたら、室内は埃だらけになってしまう。マーガレットは一人ずつ足首をつかみ、足裏を覗《のぞ》き込むと「ＯＫ」と言った。いっそのこと靴を脱いであがれば良いのではと思ったが、欧米人はそうもいかないのだろう。

小屋の中は明るい雰囲気だった。一二畳ほどの部屋が二つ。中央には、大きなストーブが一つ。ベッドがいくつか並べられている。先に室内に入っていたジョンが、ベッドの枕元を指差しこう言った。

「シャクルトンのサインがあるよ」

寝転がって書いたのだろうか。ベッドには、さかさまに描かれたサインがあった。

室内右手奥は、キッチンらしきスペース。棚には調味料などが並んでいる。ジョンは、壁を指

壁には90年前のヨークハムが3本ぶら下がっている。

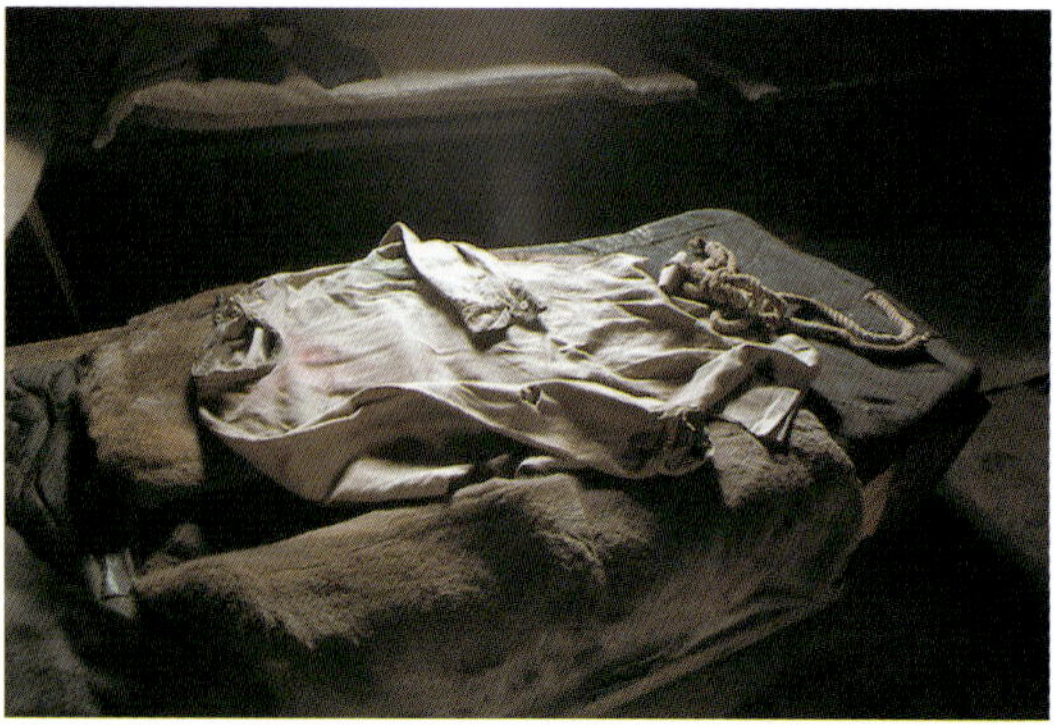

ベッドに置かれた木綿のシャツ。化学繊維のないこの時代は綿やウールや皮などで作られた服で南極へ向かった。

差しこう言った。

「ユリ、壁にぶら下がってるこの塊。なんだか分かる？　シャクルトンが持ってきた九〇年前のヨークハムなんだって。まだ、今でも食べられるらしいよ」

「ほんとに？　九〇年前のハムが食べられるの？」

「熟成されてそうだね。何年か前の調査では、食べられるという結果が出たらしいよ。僕はチャレンジしたくないけどね」

　窓から太陽が射し込む明るい室内。ベッドの上に、何気なく置かれた綿のシャツ。まるで誰かがまだここで生活しているような雰囲気が漂っていた。しかしこの小屋は、一五人が生活するには、とても十分な広さとは言えない。この中で、シャクルトンたちは太陽の昇らない長い長い南極の冬を、どんな風に過ごしていたのだろうか。

　シャクルトンの時代と比べ、二一世紀の南極への旅は、はるかに快適になった。飛行機に砕氷船、ゾディアック、スノーモービル、化学繊維の暖かい服、新鮮な料理……。しかし、私たちが二一世紀の観光客であったとしても、シャクルトンの時代と変わらないことがある。それは、私たちを取り囲む南極の自然、そして、この白い大地をどこまでもどこまでも進んで行きたいという強い憧憬《しょうけい》。

　私たちを乗せたアルゴ号は、シャクルトンの小屋を離れると、流氷を滑るように走っていった。目の前に広がる白い雪原、遠くに霞んで見えるなだらかな山脈。この大地を走って行きたい。頬に当たる心地よい風を受けながら、この時間がいつまでも、いつまでも終わらないでほしいと感じた。

12 気品高き訪問者コウテイペンギン

ロス島

午前三時半、薄紫色の空が広がっていた。太陽は雲の後ろに隠れ、夜なのか朝なのかよく分からない。参加者のほとんどは深い眠りについていた。私はその夜も眠りにつけず、甲板に出て、薄紫色に映える氷と山並みを眺めていた。

ショカルスキー号は、南極の旅の最終目的地であるマクマード基地まで、あと十数キロの地点にいた。丸一日以上も、流氷を割り続けている。しかし、山並みは昨日からほとんど変わっていない。もう南に進んでいないことは一目瞭然だった。厚すぎる氷が、これ以上南へ進むことを許さなかった。そして、ブリッジの気圧計は、一〇〇〇ヘクトパスカルを割りこみ、これから天気が大きく崩れることを示唆していた。外気温はマイナス二〇度と、今回の旅の最低気温を記録していた。ロドニーとイゴール船長は、厚すぎる氷と天候の悪化に、マクマード基地への訪問を決行するか、中止するか決めかねていた。

ブリッジでそんなことが検討されているとは知らない私は、お気に入りの船首部分に立ち、空を見上げ、柔らかい紫色の光を楽しんでいた。すると、三〇〇メートルほど前方だろうか、氷のくぼみだと思っていた黒い二つのシミが突然立ち上がり、船に向かって甲高い鳴き声を上げた。そして、翼をゆっくりと大きく動かした。あれは二羽のペンギンだ。しかし、南極に着いてから

コウテイペンギン
(Emperor Penguin, *Aptenodytes forsteri*)

何万羽と見てきたアデリーペンギンとは、形が違う。もっともっと大型のペンギン。頭の中でペンギン図鑑が駆け巡る。そう、あれは、コウテイペンギン。あわててカメラを取り出した。それにしても、どうしてこんなところにいるのだろう?

写真を撮ろうとした瞬間、ショカルスキー号は、コウテイペンギンが立つ大きな流氷へゆっくり船体を近づけると、大きく音を立てて止まった。船首に立っていた私は、よろめいた。あわてて一枚シャッターを切っただけで、フィルムが終わってしまった。どうして、こんなときに……。コウテイペンギンが大きな音に驚いて海に飛び込んでしまわないだろうか、船の大きさに驚いて遠くに逃げてしまわないだろうか。ああ、神様……。心臓がドキドキしてしまって、カメラが手につかない。大慌てでフィルムを交換した。どうかいなくなりませんように……。

「ユリ、写真撮れた?」

ティナが後ろからそっと声をかけてきた。

「これから、アランとロドニーがコウテイペンギンの様子を見に行くって。大丈夫そうだったら、船を降りて近くで見てもいいって」

ショカルスキー号から流氷へ降りる階段が設置された。アランとロドニーが音を立てずにそっと降り、コウテイペンギンへ近づいて行くのが見えた。

コウテイペンギンは、英語名をエンペラーペンギ

白夜の薄紫色の光につつまれた流氷の上に、2羽のコウテイペンギンが姿を現した。

ンという。体長一メートル以上になる世界で一番大きいペンギンだ。コウテイペンギンは、進化の結果、寒さに最も適応したペンギンだといわれている。マイナス五〇度ともいわれる南極の真冬の寒さをものともしない。それどころか、厳しい冬が始まろうという頃、海から数十キロも入った海氷の上にコロニーを作る。そして、雄は数カ月間にもわたり、絶食しながら卵を温める。真冬の真っ只中に雛は孵《かえ》り、今度は、雌と雄が数週間ごとに交代しながら育てていく。

　コウテイペンギンの雛は、灰色でとても可愛い。南極に行ったら、一目でいいからコウテイペンギンとその雛を見てみたいと思っていた。私が調べた本には、コウテイペンギンと雛の写真を撮るためには、冬の南極に行かなくてはいけないと書いてあった。私たちが訪れたのは夏の南極。夏には、雛も成長しコロニーから巣立ってしまう。親のペンギンも、海に散り散りになる。夏の時期の彼らの生態はよく分かっていないので、遭遇するのは難しいはずだった。しかし、なぜかは知らないが、私の前方数百メートルの地点には、二羽のコウテイペンギンが確かにいて、両翼を羽ばたかせていた。

　ロドニーとアランが船の下から手を振っている。「降りても大丈夫」、ＯＫのサインだった。まだ眠りについていなかった者数人がそっとショカルスキー号を降り、コウテイペンギンが待つ流氷の上に向かった。

「大丈夫、彼らは、ぜんぜん人間を恐れてないよ」

とアランが言った。

「近づいても大丈夫？」

灰色の力強い爪で氷をつかみ、一歩一歩ショカルスキー号へ近づいてくる。

一羽が翼を大きく動かし、空に向かい甲高い鳴き声をあげた。すると他のペンギンも呼応するように鳴き声をあげた。

首を曲げくちばしで毛づくろいをしている。一つ一つの動作に気品がある。

黒いつぶらな瞳にサーモンピンクのラインが入ったくちばし。

「大丈夫だと思うけど、五メートル・ルールは忘れないで。もし、ペンギンが嫌がったら、動くのを止めてじっと観察してね」

嬉しくて駆け出したい気分だったが、コウテイペンギンが逃げてしまっては大変だ。ティナとドクター・デイビッドの後に続き、そっと近づいていった。

あと一〇〇メートルぐらいまで近づいたところで、異変が起こった。二羽のコウテイペンギンが歩き出してしまった。驚かせてしまったのか。いや違う。コウテイペンギンが私たちに向かってまっすぐ歩いて来ている。どうしよう。とりあえず、私達は氷の上にしゃがみ、彼らを脅かさないように体を小さくした。

のしっ、のしっ、のしっ、のしっ、のしっ、のしっ………。王様のように、体を左右に振り、二本の固い足の爪で氷を引っかきながら、どんどん近づいてくる。

あと一〇メートルというところまで来ると、突然一羽のコウテイペンギンがばったりと前に倒れた。

そして、お腹を使いツーッとすべると、私のほんの目の前、手が届きそうな所までやってきた。クチバシを使いすっくと立ち上がり、翼を上げ、グルグルと頭を回しながら、甲高い鶴のような鳴き声をあげた。前の一羽が鳴くと後ろの一羽も呼応する。私たちは三人とも体が固まってしまって、動くことができなかった。なんて大きなペンギンだろう。しゃがんだ私より、頭が一つ出ている。ひとしきり鳴き声を上げると、のしっ、のしっ、のしっ、のしっと、ショカルスキー号へ向かい、悠然と歩き始めた。コウテイペンギンの後姿に茫然としながら、ティナとドクター・デイビッドと私は、顔を見合わせた。

「何が起こったの？」

「分からない。何だったんだろう。もしかして、私は威嚇されたのかな？　体が一番小さいから、こいつなら勝てるって勝負を挑まれたのかも……」

二羽のコウテイペンギンは、私たちの横を通り過ぎ、ショカルスキー号の近くで、再び立ち止まった。私たちも彼らを追いかけるようにショカルスキー号のそばへと戻った。コウテイペンギンの噂を聞きつけた人々が、船から何人も降りてきた。十人近い人々に囲まれながら、二羽のコウテイペンギンは、立ち去る気配はなかった。それどころか、ショカルスキー号の下を今日の居場所と決めたようで、くつろいだ様子で毛づくろいを始めた。

船の上にいたロシア人クルーが声を上げた。

「見て！あそこにもコウテイペンギンが！」

遠くに見える山のふもとに、黒い点が見えた。この点もコウテイペンギンだった。彼らもショ

コウテイペンギンから５メートルの距離を保って撮影する。カメラを前にポーズを決めてくれたのだろうか。
肩や耳のまわりに、幼鳥時代の名残りである産毛がついている。

カルスキー号目指して、三〇分以上もかけゆっくりゆっくりと歩いてやってきた。そして、最初の二羽と合流し五羽の群れになった。

彼らはまだ、完全には大人になりきっていない幼鳥だった。というのも、耳の横にまるでイヤーマフラーのように、幼鳥時の名残である灰色の産毛が残っていたからである。つい先日、コロニーを巣立ったばかりの若鳥なのだろう。しかし、若鳥であっても、コウテイペンギンには見るものを圧倒する気品があった。

ふっくらと膨らんだクリーム色の胸。外側に向かって、黄色のグラデーションがかかっている。水をすべて弾いてしまいそうな、毛並みの良さ。墨汁よりもはっきりとした黒い頭と目。くちばしには、ルージュのラインがくっきりと引かれている。氷をつかむ力強い灰色の足爪。毛づくろいをするために、ゆっくりと頭を動かす様子は、あまりに優雅でため息さえついてしまう。

すると一羽のコウテイペンギンが、バタンと前へ倒れた。また威嚇してくるのかと身構えたが、今回はそうではなかった。流氷の上に降り積もった雪を、くちばしでつついては、ゴクゴクと飲み込む動作をした。水のない南極では、雪を直接食べて水分を摂っているのだった。

私たちは、突然の訪問者に夢中だった。カメラを持って恐る恐る近づく者。中腰で固まってしまう者。地面に伏せて観察する者。気品高い異国の王子様に、突然面会を許された旅人のようだった。彼らの鳴き声、一挙手一投足《いっきょしゅいっとうそく》にため息をついた。とはいっても、マイナス二〇度の寒さでは、歯の根が合わず、体は震え、じっとなどしていられない。時々船に戻り体を暖め、エネルギー補給にチョコレートを一つつまんでは、また、王子様のもとへ舞い戻った。

そして、五羽のコウテイペンギンが呼んだのだろうか。どこからともなく、また二羽現れ、しまいには合計七羽になっていた。まだ、番《つがい》になっていない若いコウテイペンギンたちは、広い南極大陸の中でお互いに呼び合いながら、結婚相手を探しているのだろうか。

とうとう朝になり、みんなが起き始めた。ロドニーは、マクマード基地訪問を中止することを皆に告げた。夏期には二〇〇〇人が勤務するという南極最大の基地マクマード。アメリカ合衆国の基地であり、最先端の研究が行われている。行けなかったことに未練がなかったわけではない。ただ、南極の大地に並ぶ数百個のコンテナを見ることよりも、氷の平原にたたずむ七羽のコウテイペンギンを見られたことのほうが、はるかに素敵な体験であったのだ。ロドニーの決断に、不満を言うものは一人もいなかった。


私は、昨夜から寝ていなかったことを思い出した。

「おやすみなさい、そして、私たちに会いに来てくれてありがとう」

七羽の王子様にそう声をかけると、部屋に戻った。暖かいベッドに潜り込むと、彼らの羽ばたく姿が、瞼に浮かんだ。そして、深い満足感とともに眠りについた。

13 ミンククジラのカーテンコール

南極ロス海

七羽のコウテイペンギンの訪問に皆が騒然となっていた頃、海では別の事件が静かに進行していた。ロシア人クルーが双眼鏡を片手に、流氷の先にある開けた海を指差して言った。

「ショカルスキー号は一〇頭ぐらいのミンククジラの群れと、五、六頭のオルカの群れに囲まれている」

彼の「囲まれている」という表現は、けっして大げさではなかった。停止したショカルスキー号の周りを、ミンククジラの群れとオルカ（シャチ）の群れが、グルグルグルグル回っていたのだ。一眠りして頭のすっきりした私は、双眼鏡を貸してもらった。彼の指差す流氷の隙間から大きな背びれが現れた。一メートルほどもある大きな雄のオルカの背びれだ。船が流氷に接岸してから、もう何時間も船の周りを回り続けているのだという。

そしてオルカの群れは、徐々に船との距離を縮めてきた。五〇〇メートルが三〇〇メートルになり、二〇〇メートルが一〇〇メートルになり、お昼過ぎには、双眼鏡なしでも黒と白の体色がはっきり見えるほど、近くへ現れるようになった。

ショカルスキー号は、ここまで流氷を割りながら進んできた。そのため船の後ろには、氷に覆われていない海がプールのようにぽっかりと開いていた。午後になると、オルカの群れはさらに

母親のオルカ（Orca/Killer Whale, *Orcinus orca*）は子供のオルカにぴったり寄り添って泳いでいる。

長い背びれを持つ雄のオルカが流氷の割れ目に姿を現した。

呼吸のために浮上するミンククジラ（Minke Whale, *Balaenoptera acutorostrata*）。
噴気孔から出る呼気は暖かく生臭い。

ミンククジラは小型の鯨とはいえ、その大きさには目を見張る。

大胆になり、船の真後ろのプールにまで現れるようになった。

流氷の上では、コウテイペンギンを観察する人々がくつろいでいた。オルカはその人々を後ろから脅かすかのように、流氷ぎりぎりのところで大きく背びれを海から突き出した。人々は突然の水を切る音に驚き、後ろを振り返った。長く突き出した背びれを持つ一頭の雄のオルカ。その周りに小さな背びれを持つ数頭の雌のオルカ。小さな子どものオルカも一頭混ざっていた。子どものオルカには、母親なのだろうか、一頭の雌のオルカがぴったりと寄り添って泳いでいた。

オルカは、イルカより一まわりも二まわりも大きい海棲《かいせい》哺乳類だ。体長五〜六メートル。日本語ではシャチ。英語で、キラーホエールとの名も持つ。人を襲うのではないかと恐れられているが、実際、人を襲った例はほとんどない。たっぷりとした体は、黒と白でくっきり塗り分けられている。オルカは社会的な行動をする知的な動物としても知られている。水中に響く声を使って、個体と個体がコミュニケーションを図っている。

六頭のオルカは揃って海から浮上し、揃って海の中へと潜っていった。浮上した瞬間に垣間《かいま》見えるたくましい胴体。力強く水を切るリズムに、心が掻《か》き立てられる。

オルカたちにはニンゲンが立っている地点が、海の中からでも正確に分かっているようだった。オルカの群れは、何十回も正確に同じ場所に現れ勇姿を見せた。私たちは、その精悍な姿にただただ魅せられるばかりであった。ひとしきり泳ぐと、オルカの群れはショカルスキー号から離れ、開けた海へと戻っていった。

オルカの群れは、もう戻ってこないのだろうか。私は流氷の端に立ち、海の遠くを眺めた。すると突然、私が立っていた流氷の真下から、グワッと一頭のミンククジラが頭を出した。と同時に、魚の臭いのする生暖かい空気がわたしの顔をなで、水蒸気が頭に降りかかった。突然の出来事にびっくりして、私は尻もちをついてしまった。その衝撃で、足元の氷が割れた。しかし、私がお尻をついた流氷は十分に大きかったので、海に落ちてしまうような大事には至らなかった。ロドニーの「流氷の端には立たないように」という注意事項を思い出し、あわてて流氷の端から数歩下がった。

オルカはクジラの子供を襲うこともある。先ほどまでオルカが占拠していたため、ミンククジラは、ショカルスキー号には近づいてこなかった。しかし、オルカが去ってしまったため、ニンゲンを見にきたのだろうか。オルカに比べると、ミンククジラはもっともっと人なつっこい動物だった。

船の後方甲板、そして流氷の上にはかなりの人が集まっていた。オルカと入れ代わりに登場したミンククジラの群れに、拍手と大歓声が上がった。大歓声がミンククジラに聞こえたのだろうか。ミンククジラは氷の下で、再びUターンすると、人々の目の前で、大きく浮上してきたのである。そして、私たちももちろんワォー！　すごいー！　ブラボー！　と大歓声を上げた。思いがけず始まったミンククジラのショーに、みんなは興奮状態になった。

海の中にいったい何頭のクジラがいるのだろうか。同じクジラが何度も現れているのか、それとも、たくさんのクジラがいて代わる代わる浮上しているのだろうか。ミンククジラのショーは、一時間や二時間では終わらなかった。時折、オルカが船に近づいてくると、ミンククジラの群れ

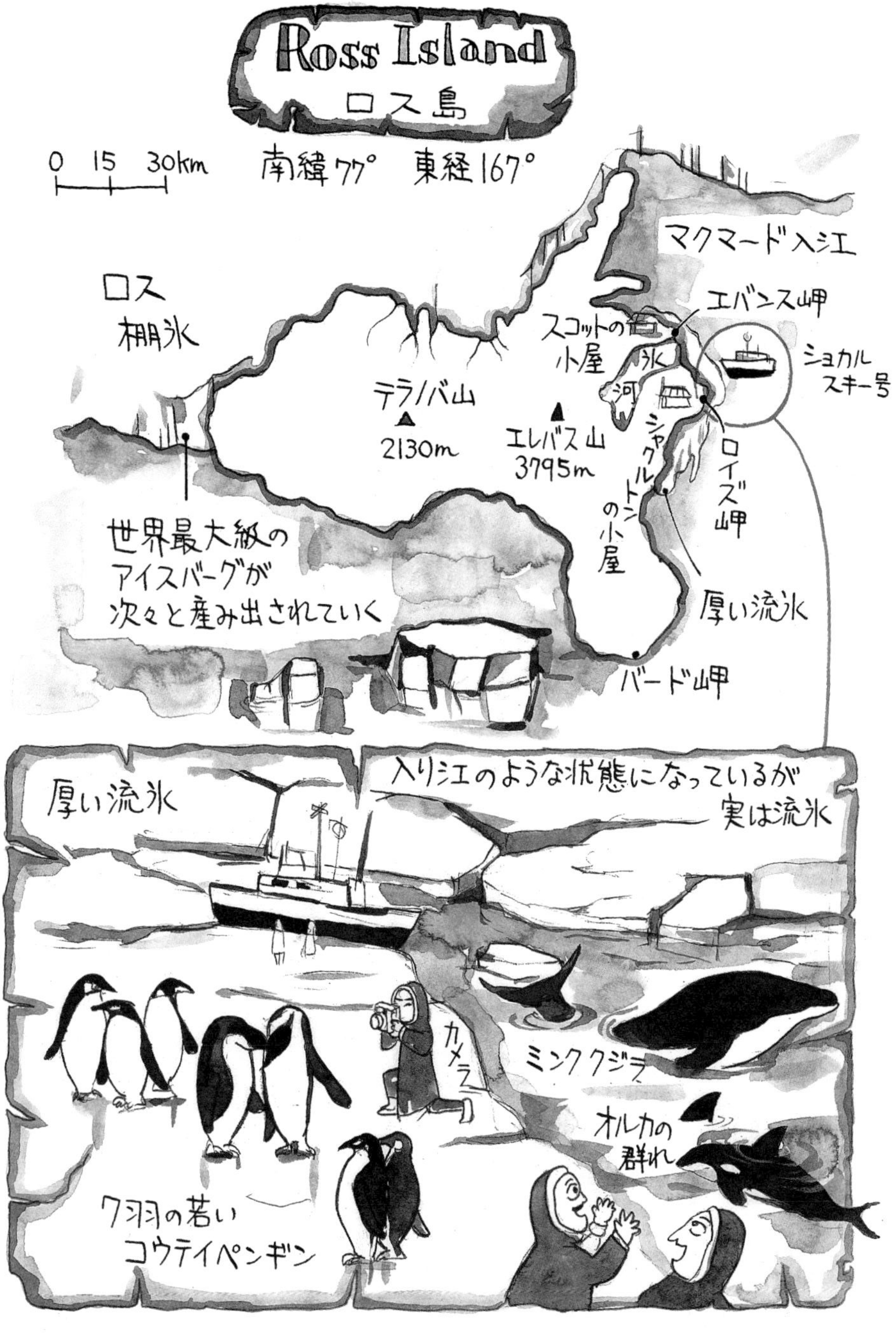

Ross Island
ロス島
0 15 30km
南緯77° 東経167°
マクマード入江
エバンス岬
ロス棚氷
スコットの小屋
氷河
ショカルスキー号
テラノバ山
2130m
エレバス山
3795m
シャクルトンの小屋
ロイズ岬
世界最大級のアイスバーグが次々と産み出されていく
厚い流氷
バード岬
厚い流氷
入り江のような状態になっているが実は流氷
カメラ
ミンククジラ
オルカの群れ
7羽の若いコウテイペンギン

は少し離れた所へ行ってしまうが、オルカがいなくなると、すぐに船へと戻ってきた。姿を見せるたびに上げるニンゲンの大歓声を、面白がっているかのようであった。

大型哺乳類の体力は計り知れない。お昼過ぎから始まったミンククジラとオルカのショーは、夕食の時間になっても終わることはなかった。五時間も六時間も声援を送っていた私たちは、声が枯れ果ててしまった。

その夜のエンデビーズ・バーでは、ミンククジラ、そして捕鯨の話になった。捕鯨の話になると、ドクター・デイビッドが怒った口調で私にたたみかけてきた。

「ユリ、なぜ日本のスーパーでは、鯨の肉を売ってるんだ。捕鯨は禁止されたはずだろ」

顔を赤くしたデイビッドは、ワインを飲みすぎていた。私は、言葉につまった。クジラ肉と書かれた赤黒い切り身が、スーパーや魚屋で売られているのは記憶にある。

「どうして、日本人は、クジラを食べるのを止めないんだ」

デイビッドは、さらに強い語調で詰め寄った。そうだ、思い出した。日本は調査捕鯨をやっているんだ。今でも、南氷洋と北氷洋で年間数百頭ずつミンククジラを捕獲している。スーパーに並んでいるのは、このミンククジラの肉だ。

日本人の捕鯨には長い歴史がある。日本では鎌倉時代から捕鯨が行われていた。和歌山県、高知県など、捕鯨で栄えた町がいくつもある。クジラの肉は食料に、脂肪は灯火油として、骨や髭《ひげ》に至るまで利用していた。日本には鯨を神として祭る神社さえあるほどだ。

一方、欧米人が一九世紀に入って本格的に始めた捕鯨は、非常に大掛かりなものだった。鯨の脂肪から油を精製するために、近代設備を持った船を駆使して、鯨を狩りつくした。ミナミセミクジラ、コククジラなど何種もの鯨が、あっという間に絶滅の危機に瀕した。二〇世紀後半になって、商業捕鯨が世界的に禁止になり、ようやく鯨が保護されるようになったのである。鯨は、知能の高い動物だから捕るべきではないとか、捕鯨は野蛮な行為であるとか、理由はいろいろあるが、野生動物から油を採るビジネスが下火になってきたおかげで、鯨類はなんとか命拾いしたのである。しかし、商業捕鯨が禁止された後も、日本は調査という名目で捕鯨を続けている。捕鯨を止めない日本は、世界中から槍玉《やりだま》に挙げられている。

「ミンククジラは、十分な数が生息しているから捕鯨しても大丈夫」「鯨を食べることは日本人の文化である」「日本人に鯨にまつわる文化を忘れて欲しくない」。これらが、調査捕鯨を続ける人々の主張だ。私も幼い頃、鯨肉を食べていた記憶がある。捕鯨擁護論者の主張は、分からないこともない。

しかしなぜ、日本人が南氷洋にまで来て、鯨を捕らなくてはいけないのだろうか。本当に日本の文化を守るためだったら、まず日本に美しい海を作り、日本の海に還ってくる鯨の数を十分に増やして、それから鯨の数を減らさない程度の捕鯨をすればいいのではないだろうか。日本の文化を守るためにという理由でわざわざ南氷洋までやってきて、ミンククジラを捕まえるのはどこかおかしい。

「どうして日本のスーパーでは鯨の肉を売っているのか」

「どうして日本人は鯨を食べるのをやめないのか」

酔っ払ったデイビッドのように、正面切って問い詰めてくる者は少ないにしても、もし南極のエコツアーへ日本人として参加しようとしたら、捕鯨問題は避けて通れない話題だと思う。ほんの少しでもいいから、捕鯨問題について調べ、自分なりの意見を持って、南極に出発することをお勧めしたい。

私には、デイビッドが納得いくような答えを出すことができなかった。感情的になっているデイビッドと、ノンネイティブの私が議論したところで、和解点が見つけられるはずもなかった。

「デイビッド、あなた飲みすぎよ。この場にはふさわしくない話題だわ」

その席の年長者であったエバが、デイビッドの話をさえぎり、私は席を立った。

潮を噴き上げるミンククジラの群れ。

「ミンククジラ、まだ踊ってるわよ」

部屋に戻った私に、ヴェロニカがこう言った。ついさっきまで甲板にいたのだろう。彼女の帽子には、雪の結晶が降り積もっていた。低気圧が通り、外気温はどんどん下がっていた。マイナス二〇度近い気温と冷たい風に耐え切れなくなり、ほとんどの人は部屋に戻っていた。

私は白夜がほんのりと照らす甲板へ出た。人も少なくなり、拍手もまばらになった海で、ミンククジラの群れは飽きもせずショーを繰り広げていた。もう一〇時間以上も踊り続けている。ニンゲンを楽しませようとしているのだろうか。海面を切るたびに覗《のぞ》かせるミンククジラのつぶらな瞳が、私を捕らえた。大きな大きな体を抱きしめたいような、そんな愛おしさを覚えずにはいられなかった。

その夜遅く、ショカルスキー号は北へ進路を変え、静かにロス島を離れた。南進を続けていた南極の旅は、帰路につこうとしていた。十数頭のミンククジラの群れは、しばらくの間、ショカルスキー号を追いかけるように泳ぎ、いつの間にか、その姿は見えなくなった。

14 今夜も眠れない　アイスバーグ・ハンター

南極ロス海

「アイスバーグの写真集を作りたい」と、オーストリア人写真家のジョセフは言った。彼は、一九歳の娘カトリーナと二人でショカルスキー号に乗りこんでいた。手巻きタバコをくるくると巻き、タバコをくわえながら海を眺めるのが彼の日課だった。カトリーナは写真学校の学生。彼女も、父ジョセフのカメラを借りて撮影していた。ニュージーランド人のハーリーは、地質調査会社で働いている二〇代の男性だ。彼の夢は、ネイチャー写真家になること。ハイアマチュアのカメラマンの彼は、南極の写真を撮って写真家デビューをしたいと考えていた。ショカルスキー号へは奨学生として乗っていた。そしてもう一人、エコツアー、エコツーリズムをテーマに撮影する日本人写真家の私。私の目的は、南極エコツーリズムの写真を撮ること。私たち「写真組」は、眺めのよいブリッジにいることが多かった。ブリッジから外を眺めていると、アイスバーグが次々と船の横を通り過ぎていく。

ロス海にあるロス棚氷《たなごおり》は、世界最大級のアイスバーグを産み出すことで知られている。二〇〇〇年の初め、ロス棚氷から切り落とされたアイスバーグは、なんと、二九三キロメートル×三五キロメートル。東京都がすっぽり入ってしまうほどのサイズで、衛星写真にはっきり写るほどの大きさだ。その巨大さを想像できるだろうか。一年経ち、世界一のアイスバーグは割れて、娘アイスバーグを産みだした。さらに割れ、いくつもの孫娘アイスバーグを産み、ロス海には彼女たちが漂っていた。孫娘といっても油断はできない。島ほどもある巨大なアイスバーグである。ぶつかってしまったら、ショカルスキー号もひとたまりもない。衛星写真とレーダーを頼りに、巨大なアイスバーグに行く手を阻まれないように、ロス海を進んでいかなくてはならない。

アイスバーグは、海を漂いながら徐々に徐々に形を変えていく。風と光と波が、氷を彫刻していく。太陽の日差しは、氷を少しずつ溶かし、吹きつけるブリザードは、アイスバーグの端に飾りをつけ、波は、重たいアイスバーグを暖かい海へと動かしていく。巨大なアイスバーグも少しずつ小さくなり、南極圏を出る頃には、跡形もなく消滅してしまう。

ジョセフが被写体に選んだアイスバーグ。その美しさは申し分ない。彼女たちは、南極海の至る所に存在する。しかし、そう簡単に撮影させてくれる存在ではなかった。彼女たちは気まぐれで、悩ましい存在だった。

「あのアイスバーグは、いいんじゃないかな……」

普段は、人物のポートレートを専門に撮影しているジョセフ。形のよさそうなアイスバーグが現れると、カメラを片手にブリッジの外に出た。しばらくして、残念そうに戻ってきた。

「駄目だったよ」

「どうして？」

「ツララのようなものがついていて、いい形だったんだ

2000年12月10日のロス島付近の衛星写真。巨大なアイスバーグが切り出されている。©NASA／GSFC／JPL, MISR Team.

バラの花びらのようなアイスバーグ。

太陽によって溶かされた窪みには、海鳥が休んでいた。

年月が経つとアイスバーグは透明なブルーになることがある。

高さ10メートルほどのアイスバーグ。海面下にはこの７～８倍の深さが沈んでいる。

けど、駄目だった。船の近くを通ってくれなかったよ。残念……」

根気よく外を眺めていれば、美しいアイスバーグに出逢えることもある。しかし、彼女が船のすぐ近くを通ってくれるかどうかは運しだい。

そして、別の日は、濃霧……濃霧……濃霧。周りには無数のアイスバーグがいることが、船のレーダーにはっきり映っている。しかし、白い闇に包まれ、五メートル先も見ることはできなかった。ジョセフは、今日はもう撮影できないとふて寝をしてしまった。一方、ハーリーは、こんな日は体がなまってしまうとTシャツと短パンに着替え、濃霧の甲板でランニングに精を出していた。

気まぐれなアイスバーグたちも、時には美しい微笑みを見せてくる。まるで、バラの花が咲いたようなアイスバーグ。中世のお城を思わせるアイスバーグ。氷の隙間に海鳥が隠れていて、船が横を通ると、たくさんの鳥が空高く飛んでいった。

そして、中でも目を引いたのは、ブルーアイスバーグである。ほとんどのアイスバーグは白いが、時折、ブルーアイスバーグが現れることがある。長い年月を経て圧力がかかったアイスバーグは、透明な青に変化するそうだ。ロス海ではブルーアイスバーグは数が少ない。一カ月間の航海で、ブルーアイスバーグを見られたのは、ほんの数回。うち、写真を撮れるほど近くに来てくれたのは、たった一回だった。しかし、このブルーアイスバーグは少し汚れていて写真には適さなかった。美しいブルーアイスバーグとの出会いを熱望していたジョセフは、とても悔しがった。

旅も後半にさしかかる頃、ジョセフの目は、真っ赤に充血してしまった。アイスバーグの白色が正確に見られなくなるからと、彼はサングラスをかけていなかった。彼の目が真っ赤に充血し

アイスバーグの間をゾディアックで探検。巨大な彫刻の間をぬっていくようだ。

たのは、雪眼のせいである。しかし、もう一つの理由が白夜だった。ご存知のように、南極圏に入ると白夜が続く。白夜が始まった最初の二、三日は嬉しくて遅くまで起きていた。午前一時ごろになると太陽が水平線まで落ち、それから二時間ぐらいかけて地平線ぎりぎりを通過する。午前三時頃になると、再び太陽は昇り始める。

太陽が沈む瞬間と昇る瞬間、空は桃色に染まる。空は刻一刻と、ドラマチックに色を変えていく。夕焼けも朝焼けもほんの数分間の出来事であるが、夕陽の美しさに何枚もシャッターを切ってしまった経験はあるだろう。

白夜では、夕焼けが始まるのが午前一時ごろ。それから一時間もかけてオレンジ色から桃色になる。あともう少しというところまで沈んでいるのに、太陽はジリジリと横ばいを続け、そのまま上昇してしまうのである。夕焼けが二時間近くも続き、そのまま朝焼けに突入してしまう。これでは、何本フィルムを持っていても足りない。

午前2時のアイスバーグ。地平線ぎりぎりまで落ちた太陽が海一面を埋め尽くす流氷とアイスバーグを桃橙色に染めた。

もちろん、曇りの日もあるし、霧の日もある。毎晩美しい夕景が見られるわけではないのだが、私もジョセフも、真夜中の夕景が見たくて、毎晩午前三時頃まで眠い目をこすりながら粘っていた。

日が昇り始めた頃ようやく、ベッドに潜り込む。ところが人間の体内時計とは不思議なもので、カーテンを閉め室内を真っ暗にしても、なぜか外が明るいことを感知してしまう。体は眠いのだが頭が冴えてしまい、なかなか眠りにつくことができない。ようやく眠っても、昼寝のような浅い眠りにしかつけず、二時間程で目が覚めてしまう。不眠症の一種なのだろうか。こんなことが毎晩続いて、私の目もジョセフと同じように赤くなってしまった。

ショカルスキー号は北に向かって進み始めた。ロス島を離れ、ニュージーランドに向けて帰路に着いた二日目の晩のことだった。

私もジョセフもやはり寝つけずに、ブリッジから白夜の明るい海を眺めていた。今日の海は、いつもと何かが違う。その夜、まったくといっていいほどの無風状態になった。潮もとまっていた。すると、いつもさざ波だっていた海面が、油を流したように平らになった。鏡のようにつるりとした海面が、アイスバーグを写しこむ。ジョセフは、ベストの撮影ポイントを決めるために、何度もブリッジと最上階の甲板を行き来していた。私もハーリーも、じっとはしていられなかった。夕焼けの時間が刻一刻と近づいていていた。

写真組は、最上階の甲板に位置を決めた。午前二時のアイスバーグショーが音もなく静かに始まった。太陽は黄色からオレンジ色にゆっくりゆっくりと変わっていく。それと同時に、海面を埋め尽くしていたアイスバーグも、黄色から眩いほどのオレンジ色へといっせいに色を変えた。そして、太陽が水平線に近づくにつれて、オレンジの海は少しずつ少しずつ淡い桃色へと変わっていった。そして、桃色の無数のアイスバーグと流氷が海を埋め尽くした。流氷も海面もアイスバーグも空も、地平線の隅々まであますところなく桃色に染まっている。目の前の海も、後ろの海も、空を見上げても、すべてが桃色に塗り尽くされていた。アイスバーグは恥らうように海を覗きこみ、海は彼女の微笑みを鏡のように写しこんでいた。それは、二時間近くにもわたってゆっくりとゆっくりと進行していった。静かな長い音楽が、耳元で聞こえるかのようだった。

アイスバーグとの出会いを夢見たハンターたちは、それぞれのカメラに彼女たちの美しい姿態を何百枚も写し取った。

「なんという美しさだろう。この世のものとは思えない。こんな光景があるなんて……」

輝く太陽の中で見せる彼女たちの大胆なポーズに魅了され、ため息ともつかない呟きが、誰の口からともなく溢れ出た。私たちの賛美の言葉は、彼女たちの耳にまで届いただろうか。

15　南極料理のア・ラ・カルト

本日のメニュー　シャクルトンのディナー
スターター　アデリーペンギンの卵サラダ
メインディッシュ　ゾウアザラシのステーキ
デザート　南極の氷で作ったシャーベット

シャクルトン隊がこのようなディナーを食べていたかどうかは、さだかではない。シェフのティナとビルは、時々こんなメニューを書いて私たちを笑わせてくれた。

一九〇七〜〇九年の遠征の時、シャクルトン隊が持って行った食料はこのようなものだ。肉や魚の缶詰、乾燥野菜、ジャム、スープ、ドライフルーツetc.。遠征隊一五人の命を二年間つなぎとめるために、以下の量の食料が用意された。

鰯の缶詰—572kg
塩—345kg
ココア—454kg

小麦粉—5084kg
ハム—726kg
ベーコン—661kg
マスタード—45kg
（資料提供　Antarctic　Heritage　Trust）

桁《けた》が大きすぎて、どのぐらいの量なのか想像もつかない。ほかには、シチューの缶詰、ラム肉など、数百キロ単位で用意されたそうだ。シャクルトン小屋の周りに置かれていた膨大な木箱は、食料の残骸だ。植物の育たない南極では、新鮮な野菜は得られない。遠征隊は、ビタミン類の不足によって生じる病気（脚気《かっけ》・くる病など）に悩まされていた。シャクルトンはこういったビタミンの摂取に非常に留意していた。一九一五〜一六年の遠征の際には、食料をなるべく備蓄するため、また、ビタミン類の摂取のため、アザラシやペンギンを捕えて食べていたようだ。

私たち南極旅行者がペンギンやアザラシを食べることは、よほどの非常事態にでもならない限り不可能と言っていいだろう。南極条約によって、生き物を捕まえることもゴミを棄てることも禁止されている。「南極のユニークな生態系」を乱すわけにはいかない。

「南極のユニークな生態系」——数十万羽のアデリーペンギンのコロニー、ミンククジラの群れ、オルカの群れ、獰猛《どうもう》なヒョウアザラシ……。南極を旅する中で、野生生物を見ない日はない。しかし、船から見える風景は、荒涼とした氷と岩石の大地ばかり。彼らは何を食べているのだろうか。南極の生態系を支えているのは、クリルと呼ばれるナンキョクオキアミである。時折、胸を赤く染めたペンギンに出くわすことがあり、私はケガをしているのかと心配になった。ペンギンの赤く染まった胸はクリルを食べた証拠なのだそうだ。南極の海には、海底を真っ赤に染めるほど、クリルが大量に発生している。ペンギンだけでなく、魚もクジラもクリルを食べて生きている。

われわれショカルスキー号は、シャクルトン隊と同じく、旅行中に食べるものはニュージーランドですべて用意して、南極へと出発した。シェフのティナとビルは、私たちをショカルスキー号の巨大な冷凍室と冷蔵室へと案内してくれた。五〇人の一カ月分の食料とは、シャクルトン隊にも負けないほど相当な量であった。万が一、エンジントラブルなどで南極に閉じ込められた際、しばらくの間、食べていけるだけの予備の食料も積まれていた。

ティナとビルは、シェフとして南極に行くのはこのツアーで四度目なのだそうだ。普段から料理作りに慣れているとはいえ、大時化《しけ》でまっすぐ歩けないような日でも、参加者は船酔いをしてテーブルにさえつけないような日でも、一日三回、五〇人分近い料理を必ず作らなくてはならないのだから、大変な仕事である。

ティナとビルは、いつも美味しい料理を用意してくれるので、一日三回の食事は私たちにとって待ち遠しい時間でもあった。朝食はトースト、シリアル、果物、ベーコンエッグ、ヨーグルトなど各自好きなもの。お昼は、スープに焼きたてパン（いつの間に焼いていたのだろう?）、大皿料理に、ラザニア、鳥料理、パスタ、サラダなど、皆で取り分けて食べる。そして夜は、前菜から始まって、肉か魚からメインを選び、最後はデザートまで、充実のコース料理だった。残さず全

ある日の夕食。前菜、肉もしくは魚のコース料理、そしてデザートがでる。

シェフのティナ＆ビル。

船内にある2つのダイニングルームで食事をいただく。

部食べていたら、太るのが心配なほどの量である。私は、ティナに少なめに盛りつけてほしいとお願いした。

参加者の中には何人かベジタリアンがいた。ティナはベジタリアンなので、ベジタリアン用のメインディッシュもなかなか美味しかった。例えば豆腐ステーキ、マメの煮物、アボガドのシチューなど。私はベジタリアンではないが、肉魚ばかりでは胃がもたれてしまう。ベジタリアンメニューを頼むこともあった。

ツアーが始まって、一〇日ほど経った頃だ。お昼のスープに、豆腐と葱《ねぎ》の味噌汁が出た。きちんとだし汁がとってある味噌汁だった。私は、ティナに聞いた。

「ティナ、日本の味噌汁を知ってるの?」

「うん。味噌汁だけじゃないわよ。他にもいろいろ」

厨房に入れてもらった。引き出しを開けると、中には二〇キロはあるだろうお米の袋、海苔、醤油、味噌、ワサビなどなど日本の食材が入っていた。

「このお米、もしかして、私のために用意してくれたの?」

私は、一カ月間なら日本食を食べられなくても問題ないと思っていたので、料理に関して、特にリクエストは出していなかった。

「うん。数カ月前に、ニュージーランドの離島を巡るツアーのシェフをしたんだけど、その時日本人のテレビクルーが来て、彼ら男性三人組は一日三食ライスを食べていたわ。日本人のメインディッシュ(主食)は、ライスなんでしょ。だから、ユリもそうなのかと思ってた」

「ご飯は好きだけど、毎食でなくてもいいわ。でも、せっかく用意してくれたのだから、ときどきいただこうかな」

「ＯＫ！　じゃあ、今日の夜はライスにするね」

その夕食、ティナが用意してくれたメインディッシュのライス。平べったいメインディッシュ用のお皿にライスだけが、てんこ盛りで盛りつけられていた。おかずはなし。これには困った。確かにライスは主食だが、ご飯だけでは食べられない。私は、ティナに、おかずを一緒に盛りつけて、ライスは付け合せにしてほしいと頼んだ。すると、前に来た日本人のテレビクルーは、毎食このライスだけを山盛り食べていたのだと言った。彼らは、ライスだけをいったいどうやって食べていたのだろうか……。おかずは食べなかったのだろうか。

私は、ティナに、日本料理について熱く語った。ベジタリアンのティナは、精進料理など野菜を使った料理が多い日本料理に、とても興味があるようだった。日本料理を教えようと思っても、食材、料理法など専門用語が多く、調理、味つけ、盛りつけ、細かいニュアンスまで正しく伝えられたかどうか自信がない。後続の日本人旅行者のためにも、正しい日本料理をぜひ南極にも広めたいと思う。次に南極に行くチャンスがあったら、英語で書かれている日本料理の本を持って行きたいと、山盛りのライスを前に固く心に誓ったのである。

16 アルバトロスの要塞

オークランド島

「今日は二つのコースがありますので、どちらか選んでください。一つは『サバイバルコース』。山頂にあるアルバトロスの繁殖地を観察します。このコースは二時間の急な上り坂で、道なき道を行く悪路トレッキングです。体力がありあまってしょうがない方にお勧めです。もう一つは『クルージングコース』。ゾディアックで湾内をクルージングしながら、オットセイや海鳥を観察します」

ショカルスキー号は、ニュージーランド本島から約五〇〇キロ南に位置するオークランド諸島に停泊していた。オークランド諸島は、亜南極諸島として世界遺産に登録されたばかりの、雄大な自然が残る島々である。目の前にそびえる急斜面には、人を寄せつけない雰囲気があった。この急斜面を二時間登りきらなければ、アルバトロスの繁殖地は見られない。山道の途中でへばっても誰も助けてはくれない。私はリュックの中身を再度点検し、必要最小限のカメラ機材だけを詰めなおした。

「サバイバルコース」志願者二一名を乗せたゾディアックは荒磯へ近づいた。ここは自然海岸。コンクリートでできた桟橋や岸壁はない。どうやって島へ渡るのだろうか。打ち寄せる波、引き返す波、船べりと自然の岩が同じ高さになるタイミングを見計らって、岩場に乗り移った。一人

行く手を阻むフッカーズシーライオン（Hooker's Sealion, *Phocarctos hookeri*）。

ずつ慎重に渡っていった。

岩場に乗り移ったものの、もちろん道はない。自然海岸に階段があるわけがない。この切り立つ岩場を、ロッククライミングのように登るのだろうか。先頭を歩いていたアランはこう言った。

「二〇〇メートルほど先に登りやすい岩があるから、海岸沿いに歩いてください。岩場は滑りやすいので慎重に」

アランは高低差のある岩場を、イワトビペンギンさながらスタスタと歩いていく。すると登りやすい岩壁が現れた。一つ目の岩に右手をかけて……、次は、左足をあの窪みに置いて、次は、左手を二つ目の岩に……その岩じゃなくて、もっと左の岩だよ……上から声が聞こえる……手と足がこんがらがる……両手両足をフル回転させ、みんなで助け合いながら、三メートルほどの崖をよじ登った。

岩を登り終えると、上にはなだらかな草原が広がっていた。草原の真ん中には、巨大な茶色い生物が昼寝をしていた。体長三メートルはあるだろう、かなりの巨体だ。首の周りは、ふさふさとした茶色い毛で覆われていた。雄のフッカーズシーライオンは、崖の下から現れた私たちを見つけると、頭を持ち上げブルルゥ、ブルルゥと、威嚇の吼《ほ》え声を上げた。

「あいつは気性が荒いんだよ。近くを通らないように。離れた所を歩いて、向こうの藪《やぶ》で集合しよう。あいつも藪の中までは入ってこないから……」

アランはそう言った。私たちが通った登りやすい岩場は、シーライオンの海からの通り道だったのだろう。一頭しかいなくてよかった。私たちは二手に分かれた。シーライオンが右手のグループを威嚇しているうちに、左手のグループは藪の中へと駆け込んだ。シーライオンが怒りの矛先をどこに向けようか迷っているうちに、右手のグループも藪へと走りこんだ。

しかし、ここからが二時間の悪路トレッキングの本当の始まりだった。胸の高さほどの低木が密集した藪。木々の間をかき分けかき分け登っていく。サバイバルコースへ行く者は、「長靴」を履くように勧められていた。山登りに使われるトレッキングシューズではなくて、「長靴」である。その理由は明らかになった。一歩進むと、足首までずぶっ。なんとか引き抜くと、次の足がまたずぶっ。急斜面は水を含んだとても柔らかい土、つまり泥でできていた。上に登ろうと片足に体重をかけ過ぎると、すねあたりまでずぶずぶずぶ。どんどん足が泥の中に埋まって、ぬかるみから脱出できなくなる。悪路とはこういうことだったのか……。

背後には、素晴らしい海が広がっているのだが、足元の泥と格闘するのが精一杯で、後ろを振り返る余裕などほとんどない。一瞬の気の緩みから、足を前に出すのが遅れた。すると膝まで泥に飲み込まれ、長靴の中に大量の泥が入ってしまった。足を動かしたが、どうやっても長靴が抜けない……。どうしよう。こうなったらしょうがない。長靴から足を抜き、泥の中に靴下で立った。両手で長靴を引き抜き、中に入った泥を手で掻《か》きだした。この長靴に足を入れなければ、前には進めない。勇気を振り絞って足を入れた。最悪の履き心地だった。

どこまでこの急斜面は続くのだろう。終わりの見えない斜面に、息も上がってきた。それでも私がこのサバイバルコースを選んだ理由。それは、アルバトロスの繁殖地を一目見たかったから……。

海の旅人アルバトロス。遠くから現れたアルバトロスは、瞬く間にショカルスキー号に追いつき、凛々《りり》しい横顔を見せると大きくターンした。船を追い越すでもなく、船から離れるでもなく、大空を滑空するグライダーのように、船の周りを大きな周期で、幾度となく旋回する。小型のアルバトロスでも二メートル、大型のロイヤルアルバトロスは、両翼を広げるとなんと三メートルにも達する。他の海鳥より群を抜いて大きく、空を飛ぶスピードもはるかに早い。その大きさと独特の滑空から、アルバトロスが飛んでくれば、一目で区別できる。

アルバトロスは空を飛ぶとき、ほとんど翼を動かさない。流線型のボディにかっちりとした翼。ショカルスキー号を軽々と追い越していくアルバトロス。精密に作られた機械のようだ。アルバトロスの滑空を一度見たら、誰でも必ずファンになってしまうだろう。宮崎駿監督の映画『風の谷のナウシカ』に出てくるナウシカの乗物「メーヴェ」をご存知だろうか。風の力を借りて、空を自由自在に舞う乗物「メーヴェ」は、アルバトロスの滑空から創られたのではないかと、私は勝手に想像している。

風を切り大空を滑空するアルバトロス。

ショカルスキー号の後をどこまでもどこまでも追いかけてきた。

餌を見つけると我先にと海に飛び込む。そして、大きなくちばしで餌を一飲みにする。

休息中のアルバトロスは海面に浮かんでいる。

アルバトロスは、和名をアホウドリという。南半球だけでなく、北半球の日本の近海にもたくさんのアホウドリが生息していた。しかし、明治時代に羽毛布団の羽毛を作るために乱獲され、一〇〇年前には五〇〇万羽もいた日本のアホウドリは、わずか数百羽にまで激減してしまった。現在は、鳥島と尖閣諸島に繁殖地が確認され、研究者らの努力により、生息数は一〇〇〇羽ほどに回復している。

人を恐れず、簡単に捕まってしまうので、アホウドリという名前がついたそうだ。この警戒心のなさが、絶滅の危機に追いやられた要因の一つでもある。しかし、アホウドリと呼ぶのはいくらなんでもかわいそうだと、最近では日本でもアルバトロスと呼ばれることが多くなっている。私も、敬愛の意味も込めて、アルバトロスと呼ぶことにしたい。

いったい何時間、泥と格闘していたのだろう。ときどき藪《やぶ》の中から頭を出し、自分が山頂に向かっているか確認した。アルバトロスの繁殖地まで、あともう少し、あともう少し……自分を励ましながら、一歩ずつ足を出した。ようやく斜面がなだらかになった。低木はいつのまにか草に変わり、足元には小さな花がたくさん咲いていた。

「皆さん、気をつけて進んでください。この向こうは、崖です」

アランが立つ草むらの先は、海へと落ちる断崖絶壁だった。目もくらむような真っ青な海。ほぼ垂直に、数百メートルは落ちているだろう。恐ろしくて正視できない。高所恐怖症気味の私は、立って進むこともままならなかった。格好悪いが、草をしっかりと握り、お尻をつきながら、アランの立つ崖へと近づいた。

頂上から紺碧の海と数百メートルも落ちる断崖絶壁が見える。

断崖には無数のシャイホワイトキャップドアルバトロス（Shy White-capped Albatross, *Arctocephalus forsteri*）が巣作りをしていた。

「皆さん、この断崖をよく見てください。たくさんの白い点が見えますね。この一つ一つがシャイホワイトキャップドアルバトロス（Shy White-capped Albatross）です。僕の足元のすぐ下にも、巣がありますね。番《つがい》のアルバトロスが卵を温めています。しばらくすると雛が孵《かえ》り、この巣で子育てを始めます。ほら、今、飛び立ったのが見えましたか？　僕たち人間には、めまいがするような崖ですが、崖の下からは上昇気流が吹き上げていて、アルバトロスにとっては、絶好の飛行ポイントなんです」

アルバトロスは、大きな翼を広げると、海に向かい音もなくすーっと降りていった。

「海に向かったアルバトロスは、食事をします。水面近くを泳いでいるイカや大型の魚めがけて飛び込んで、大きな口でガブリと一飲み。お腹がいっぱいになると、巣に戻り口移しで雛に与えます。アルバトロスは一度に一羽しか育てません。子育ては半年から一年近く続きます。一年後ようやく巣立った若いアルバトロスは、この広い南氷洋の海を住処《すみか》とします。昼間は空を飛び続け、餌を探し、夜になると水鳥のように海に浮かんで眠ります。大人になるまで、陸地には戻りません。成鳥になるまで、何年も広い南氷洋をさまよい続けるんです。無事に大人に成長したアルバトロスは、自分が育った島を覚えていて、必ずその島に戻って来ます。そして、番を作り、また子育てを始めます」

真下にある巣では、二羽のアルバトロスがお互いのくちばしを寄せあい、仲睦《むつ》まじく毛づくろいをしていた。海へ落ちる崖、その窪みの一つ一つには、数え切れないほどのカップルが巣を作っていた。この断崖はアルバトロスの城。自然が創った断崖の要塞が、アルバトロスの繁殖地を守っている。

少し前に出て、アランが指差す数百メートル下の海を、恐る恐る見下ろした。吸い込まれそうな真っ青な海に、数え切れないほどのアルバトロスが白い飛行機のように飛び交っていた。この光景は、二時間の悪路を登り切った者だけに与えられる勲章。大きな翼を持ち、大空を自由に飛び交うアルバトロスをとても羨ましく思う。息が上がる急坂も、長靴の悪夢も、数百メートルの断崖の恐怖もすっかり忘れ、崖の下に飛び交うアルバトロスの姿をしっかりと目に焼きつけていた。

17 お花畑を歩くキガシラペンギン

エンデビー島

トマトにベーコンと目玉焼き、ハムにレタスにキュウリをパンに挟んで、手作りサンドウィッチの出来上がり。出来たてサンドウィッチをラップで包み、チーズを一かけ、チョコレート一つかみとバナナ一本をリュックの中に入れた。

穏やかな青い海に緑が映えるエンデビー島は、オークランド諸島の右上にちょこんと置かれている一周約一〇キロの島で、一日かけて歩くのにちょうどよい小さな無人島だ。ここはニュージーランド領なので、今回は食べ物を持っていくことが許された。風もなく、ポカポカした陽気。こんな日にお弁当を持って、無人島にピクニックに行けるなんて！

島に渡ると、簡単な地図を渡された。本当に簡単な地図だ。分かれ道はない。これなら迷う心配もないだろう。森を抜けたら、常に左手に海を見て歩けば、島を一周して元の場所に帰ってこられる。好きなだけのんびり歩いて、島を一周すればいい。

皆思い思いのペースで、森の中へと足を進めた。腰の高さほどの小さな木が、所狭しと生い茂る。赤い葉の木々、緑色の葉の木々、様々な種類の木が密生し、群落を作っている。低木のわずかな隙間には、ロイヤルアルバトロスが巣を作り卵を抱えていた。その奥には、高さ三メートルほどの木々が地面を覆いつくしている。

この森は、こぼれ落ちる種と、地形と、そして長い年月が重ね合わせて創られた自然の造形物だ。腕の立つ庭師が土を盛り木々を植え、美しい花を添えても、この森を再現することはできない。彼がどんなに自然を愛していても、不可能に近いだろう。自然の選択がこの森の美しさを保っている。木々の間から差し込む太陽の光を楽しみながら、私は森の中を歩いた。

植物は、長い長い年月を経てある平衡状態に達する。洋上に島ができると、まず初めに鳥たちがやってくる。鳥の糞に混じって運ばれてきた成長の速い草の種が芽を出し、一気に葉を広げ草原を作る。成長の遅い木々は、草の影に隠れながら枝を少しずつ伸ばし、成長の機会をうかがっている。枝を伸ばす一方で、木々は地中にしっかりとした根を張り巡らせることを忘れない。日照りが続き、草が枯れてしまっても、一度丈夫な根を張った木々は、簡単に枯れることはない。こうして小さな島にも、いつしか木々が覆い茂るようになる。日当たりのよい場所には太陽を好む木々が、風が強い場所には風を好む木々が、水がいつも流れ込む沢には水を好む木々が、森を形作っていく。成熟した木々からは種がこぼれ、森は広がっていく。木々が生えない場所には草が葉を広げ、短い夏を享受しようと溢れるほどの花を咲かせる。長い長い遷移（競争）を経て、森と草原は、ある平衡状態に達する。

森を抜けると視界が開け、なだらかな丘にワイルドフラワーの花畑が広がっていた。白い小さな花、桃色の背の高い花、黄色い大きな花、名も知らぬ花たちが、海に向かって咲き乱れていた。先を急ぐ必要があるだろうか。私は、リュックを下ろすと、お花畑の真ん中に心地の良い場所を

遊歩道
曲がりくねった木々
草原
急な坂道が続く
ラタの森
海を眺める
キガシラ
ペンギン
見通しのわるいやぶ
N
W
E
S
≒ 1 kilometer

Enderby Island
エンデビー島
南緯50° 東経166°
昼寝をする
ニュージーランド
オットセイ
キガシラ
ペンギンと
出会った
お花畑
卵をかかえる
アルバトロス
森
小屋
砂丘の間には
シーライオンが隠れている
ので注意
上陸ポイント
砂浜に
ねそべる
シーライオンの
子どもたち

真っ赤な花を咲かせるラタ（Southern Rata, *Metrosideros umbellata*）の森。

翼を広げると3mにも達するロイヤルアルバトロス（Royal Albatross, *Diomedea epomophora*）。
人間の子供ほどの大きさがある。

みつけ、腰を下ろした。大きく伸びをする。視界に入るのは、空と海と花畑だけ。

「ほら、あそこ！」

誰かが叫んだ。後ろを振り返ると私たちが、通り過ぎてきたばかりの森から、ヒョコ、ヒョコ、ヒョコと、膝の高さにも満たない小人が出てくるではないか。両手でバランスをとりながら、少し猫背気味で前のめりになって歩いてくる。二、三歩歩いては立ち止まり様子を伺う。上目遣いの黄色い目で、私たちをジロジロ睨みつけた。

彼の行く手をさえぎってはいけない。私たちは動くのを止めた。ニンゲンが危害を加えない動物であることを確認すると、一羽のキガシラペンギンは、スタッ、スタスタスタッ、スタッ、スタスタスタと、勝手知ったる自分の庭であるかのように、足早にお花畑を歩き海へと下っていった。

キガシラペンギンは、森を棲み家にするとても珍しいペンギンだ。ニュージーランドと近隣の島々にしか生息していない固有種である。頭から目にかけ

色とりどりの花を咲かせるワイルドフラワー。

てレモンイエローのラインが入り、他のペンギンと一目で区別できる。人間の白目にあたる部分も黄色く、英名ではイエローアイドペンギンと呼ばれる。彼らは、低木の木々の根元を好み巣を作る。日が昇ると、森から抜け出してきて、海へ出かける。海で魚を採ると、日が暮れる頃に浜辺に戻ってきて、森へと歩いて帰っていくのだ。

キガシラペンギンが、花畑の向こうに行ってしまうと、ハーリーが大きな三脚をかついで歩いてきた。

「ハイ！　ハーリー。エンデビー島は本当に素敵な島ね……そうそう、たった今、イエローアイドペンギンが、歩いていったのよ」

「僕も見たよ。ほんと可愛かったね。もう、お昼食べた？　ここは、お弁当を食べるには最高の場所だね。僕もここで食べようかな」

ハーリーは重たいカメラ機材を、地面に下ろした。彼の持っているカメラは中判カメラといい、プロが使う本格的なものだった。

「ハーリーは、プロの写真家になりたいんでしょ。ジョセフから聞いたわ」

「そうなんだ。仕事でね、ニュージーランドのいろんな場所に行くことが多いんだ。ニュージーランドには、美しい風景がたくさんあるから、それを写真に撮りたくて……写真家になれたらと

お花畑を歩くキガシラペンギン（Yellow-eyed Penguin, *Megadyptes antipodes*）。

キガシラペンギンの足元にはこんな愛らしい花も咲いている。

思ってるんだ」

「今はどんな仕事をしてるの？」

「エロージョン（erosion）って分かるかな。僕は、エロージョン専門の環境調査会社で働いているんだ。僕はその研究調査員。ほら、あそこにいい例がある。花畑の先に土が崩れているところが見えるかな。あれがエロージョン」

ハーリーは、海に落ちる緩やかな崖を指差した。

「ユリは、もう、ニュージーランドの国内は旅行した？　南島のほとんどは、牧場の風景じゃなかったかい？　一〇〇年以上も前になるけど、ニュージーランドに入植した人たちが、ブルドーザーを入れて森を一気に切り開いて牧草地を作ったんだ。でも、土地を丸裸にしてしまったから、雨が降ると土砂が崩れて、牧場の土が流れていってしまう。牧場の持ち主は、どうしたらエロージョンが食い止められるか、僕の会社に相談に来るんだ。僕の仕事は、現地に調査に行くことだよ」

「分かったわ。エロージョンは、浸食《しんしょく》っていう意味ね。ニュージーランドでは、調査会社ができるほど深刻な問題なのね」

「このエンデビー島に来たのは、僕も初めてだよ。ラタが咲く森にペンギンが棲んでいるなんて、ここはおとぎ話の世界だね。ニュージーランド本島も、牧場ができる前は、エンデビー島のような美しい森がどこまでも続いていたんだって聞いているよ」

ワイルドフラワーのお花畑を抜けると、草原が続いていた。風が吹くと、草原はいっせいに揺れ、サワサワ、サワサワと涼しげな音楽を奏でていた。ここからは左手に海を見ながら歩く。島の北側にあたる岩場では、おとなしいニュージーランドオットセイ（New Zealand Fur Seal, *Arctocephalus forsteri*）が、のんびりと昼寝をしていた。あまりにおとなしいので動かないでいると、海岸に打ち寄せられた丸太と間違えて、踏んづけてしまいそうだ。

岬をぐるっと一周すると、がらっと植生《しょくせい》が変わった。左手には立ち枯れの林が続き、右手には藪が続く。強い風が吹きつけたのだろう。枯れた木々の枝先は、魔法使いの杖のように、くねくねとねじ曲げられていた。

そして、立ち枯れの木々の先には、ニュージーランド人が愛してやまないラタの森が続いていた。ラタは他の木々に絡みつきながら、上へ上へと伸びていく。木の頂上まで枝を伸ばすと、溢れんばかりの花を咲かす。ラタの濃厚な蜜を求めて鳥や虫が集まってくる。ラタに覆われた木は、ゆっくりと死んでいく。ラタは命を受け継ぐように、深紅の花を咲かせる。ラタの花は、燃えさかる炎のように咲き誇っていた。

ラタの森を抜けると、数羽のキガシラペンギンが海を眺めながらくつろいでいた。キガシラペンギンは、美しい風景が大好きなのだろう。私も腰を下ろし、彼らと同じ目線で海を眺めることにした。

ニュージーランドの南島にも数多く生息していたキガシラペンギンだが、牧場開発で美しい森のほとんどを失い、その生息数が激減している。ニュージーランド全体で、約五〇〇〇羽。このまま放っておけば、絶滅しかねない数である。

白い砂浜はフッカーズシーライオンで埋め尽くされていた。

雌のフッカーズシーライオンと生まれたての子供。子犬のようにクークーと鳴いていた。

ニュージーランド本島から五〇〇キロも離れているエンデビー島だが、一九世紀の入植ラッシュの時、人間によって開墾され、牛、豚、ウサギ、ネズミなどが持ち込まれた。しかし現在では、それらの動物は取り除かれ、美しい森そして野生の花畑が奇跡的にその姿を取り戻している。この美しいエンデビー島は、キガシラペンギンたちの楽園でもある。キガシラペンギンが生息するには、広い森が必要なのだ。彼らは、縄張り意識がとても強く、二〇メートル以上の間隔を取って巣を作る。エンデビー島があるオークランド諸島全体でも数百番《つがい》しか確認されていない。

キガシラペンギンは、進化の過程で他のペンギンたちとは、早くに分かれた種だ。彼らが分化した時代には、森の中に巣を作ること、分散して巣を作ること、そんな掟《おきて》が必要だったのかもしれない。しかし、時代は変わり、美しい森はなくなりつつある。森がないと棲めないとか、二〇メートルの縄張りが必要だとか、わがままなことを言ってないで、お隣の島マックォーリー島のキングペンギンのように、一メートル間隔で巣を作ればいいではないか。密集して巣を作れば、この島でも、もっともっと数を増やすことができるだろう。この小さな島で、何万羽も生息することもできるかもしれない。

最後の丘を下ると砂浜が見えた。砂浜の終わりがゴール地点。見覚えのあるゾディアックが待っている。一キロほど続く砂浜は、フッカーズシーライオンで埋め尽くされていた。フッカーズシーライオンは人を恐れない。昼寝をしている彼らをうっかり踏んづけてしまうと、こちらが襲われてしまう。どこをどう歩こうか迷っていると、ジョンがやってきた。彼によると、フッカーズシーライオンは危険を察知すると海に逃げようとする性質があるので、山側から繁殖地を通り抜けたほうがいいという。私はジョンの後に続き、フッカーズシーライオンを刺激しないように、足早に砂浜を通り抜けた。雄のフッカーズシーライオンは恐くて、なるべく目を合わせたくないのだが、繁殖地を観察すると、赤ちゃんシーライオンがたくさんいるのが分かる。生まれたばかりなのだろう、小型犬ほどの大きさしかない。まだしっかりと開いていない細い目。頭を少し持ち上げ、クー、クーと鳴いている。繁殖地の中には、あちこちに七、八頭ずつの赤ちゃんのグループができ、一頭の雄と複数の雌が、赤ちゃんを見守っていた。

この小さな島で、いったいどれだけ多くの野生生物に出会っただろう。どれだけの多くの野生の花を見たことだろう。長い長い遷移を経て平衡に達した生態系は、小さな草花や珍しいペンギンや大きな海棲《かいせい》哺乳類にまで、住むべき場所を与えている。繰り返し行われてきた自然の選択の中で、生き物は自分にもっともふさわしい場所を選び、棲み分けている。

「僕たちは、この小さな島で他の生き物たちと一緒に暮らしたいだけなんだよ」

花畑を愛するキガシラペンギン。静かに海を眺める彼らの背中からそんな言葉が聞こえるような気がした。

18 エピローグ 南極エコツーリズム

南極ロス島を発ち、帰路についた五日目の晩、二週間ぶりの夜がやってきた。夜中の一時、太陽は知らぬ間に水平線の下へと姿を消していた。その時間、私は、エンデビーズ・バーで、ドクター・デイビッドやティナたちとワインを飲み、尽きない旅の話に興じていた。夜が訪れた瞬間のことをとてもよく覚えている。外を見ていたわけではないのだが、突然、気持ちが穏やかになり、ほっとしたようなそんな感覚がやってきた。ふと窓の外に目をやると、薄暗い闇がショカルスキー号を包み始めていた。

私は酔いを醒まそうと外に出て、暮れてゆく海を見渡した。闇が肌を優しく包み、やがて完全な暗闇が訪れた。空を見上げると、星の姿も戻っている。南極という非日常の空間で、興奮状態が続いていたのだろうか。二週間ぶりの夜に、脳が休まっていくのを感じる。

船尾で夜空を眺めていたマークとトゥリーシュが言った。

「あれって何だと思う？　南の方向、緑色のものが見えるでしょ」

トゥリーシュは、私たちが旅をしてきた南極ロス海の上空あたりを指差した。リボンのような緑色の光が、わずかに動いている。目を放せば、暗闇に消えてしまいそうな、微かな光だった。

「もしかして、オーロラ？」

南の空にゆっくりと沈んでいく夕日を眺める。

まだ眠りについていなかったロドニーとアランがやってきた。南の空にうごめくわずかな光を差して、ロドニーはこう言った。

「オーロラの可能性はある。本当は、オーロラは一年中出ているんだ。夏は白夜になるから、オーロラのような弱い光が出ていても見えないんだ。極地の冬は夜が長いから、オーロラを見られる確率が高いんだけど……それにしても、よく見つけたなぁ」

オーロラらしき緑の光は、まるで生き物のように南の空をゆっくりとうごめき、そして、私たちが見ている間に、暗闇の中に消えていった。

南極から帰るためには、うんざりするほど長い時間を、船の上で過ごさなくてはならなかった。何種類のトランプゲームを覚えただろうか。ライブラリーにある南極関連の書籍にもほとんど目を通した。キャスが持ってきたオーストラリアのギャグ漫画も、落ちを覚えてしまうほど読み返した。

エンデビーズ・バーに集まった皆の前で、ロドニーはこう言った。

「残念ながら、ここからキャンベル島まで、上陸の予定はありません。ニュージーランドに到着する前の日、発表会を行います。作文でも詩でも絵でも、どんなものでも構いません。南極ロス海への旅で、感じたこと、考えたことをみんなの前で発表してください」

発表会まで、まだ少し日があった。船で過ごす長い時間のために、様々なイベントが用意されていた。

マーガレットは、彼女の二五年にわたる南極での研究の様子を、スライドショーを交え語ってくれた。マーガレットは、南極へ行くたびに、名高い山々へのアタックを重ねている。彼女が撮影した南極の山岳写真には、写真を見せてもらわなければ想像さえもできないような壮大な風景が映し出されていた。私たちは、マーガレットの南極思い出話に熱心に聞き入った。驚きにも近いため息をつき、レクチャーが終わると、拍手が湧《わ》き起こった。数々の質問が飛び出した。

「数少ない女性の研究者として、南極に滞在するのは、大変じゃなかったですか？」

「私が南極に初めて行ったのは、今から二五年前の一九七六年。ニュージーランドのスコット基地では、確かに当時は数少ない女性研究者の一人だったんですけど、お隣のアメリカのマクマード基地では、もっと前からたくさんの女性研究者が基地に滞在していました。ですから、特に不便さは感じませんでした。男性と女性がすべて同じプログラムで訓練するべきかと議論があったんですが、私は、ぜひやってみたいと希望しました。氷に穴を掘り、テントを張って一晩過ごすという野営訓練。一晩といってもずっと明るいので、キャンプとは違う感覚ですが、とても楽しい体験でした」

今回の旅に同行していたニュージーランド環境保護局（DOC）のレックス。レックスによるレクチャー「Post modern Antarctica（現代の南極大陸）」も、とても興味深いものだった。彼は、一九七〇年代からの南極ツーリズムはどのような変遷をとげてきたのか、様々な資料と写真を元に語ってくれた。

他にも、オルカ、コウテイペンギン、アデリーペンギン、オゾンホール、スノウペトロール、アイスバーグ、スコットとアムンゼン、シャクルトン……。数え切れないほどの南極に関するビデオも上映された。自然科学のビデオだけでは飽きてしまう。夜には『マトリックス』などの映画も上映された。

発表会の日がやってくる。同室のヴェロニカは、昨日から机に向かい詩を書いている。エンジニアのジョンは、俳句を発表するのだといい、私に書きためたものを見せてくれた。どう？　と評価を求められたが、英語の俳句なんて、聞くのも見るのも初めて。海外の俳句には日本のように季語を入れるなどのルールはなく、音節の数が合えばいいらしい。途中だった絵を仕上げる者、旅行日記を読み返しながら散文をまとめる者。ライブラリーにある本を調べたり、皆、思い思いに、発表会の準備をしていた。

発表会当日、小さなエンデビーズ・バーには、五〇人以上の人が集まった。エバの詩の朗読から始まり、替え歌、ジョンの俳句（彼は五〇句以上も俳句を作っていた）……アデア岬で出迎えてくれたアデリーペンギン。マックォーリー島で見たキングペンギンの大コロニー。コウテイペンギンがショカルスキー号を訪問してくれたこと。いつまでも続いていたミンククジラのショー。お花畑でのピクニックとキガシラペンギン。忘れられないアルバトロスの繁殖地。総勢二〇名以上が、南極の旅の思い出を発表した。

ハーリーは、旅の途中で起こった悲しい出来事について語った。それは、ハーリーのとても親しい友人が事故で亡くなってしまったこと。ロス島を去ろうとしていたときに、その知らせが届いた。彼はここ一週間、見ているのが気の毒なぐらいふさぎこんでいた。南極旅行中、たとえ親友の死に直面しても、帰ることはできない。私たちは励ましの手紙を書き、ハーリーに渡した。

ヘリテイジ・エクスペディションズ社のスタッフ。夜にはバーがオープンし、スタッフはバーテンダーにはや変わり。

船の上での長い時間はトランプをして過ごす。左端が著者。

エクスペディションリーダーのロドニー・ラス氏。彼は、エコツーリズム先進国と呼ばれるニュージーランドで、早い時期にエコツーリズムを始めた人物である。ニュージーランド離島へのエコツアーからスタートし、現在では、亜南極諸島、南極へのエコツアーを行っている。一番短いツアーでも六日間と、彼のツアーは長いものが多い。しかし、予約率が非常に高く、今回の南極のツアーも満席であった。

一カ月に及ぶ旅が終わる前に、ロドニーに聞いておきたいことがあった。彼にとってエコツーリズムとは何なのだろうか？

「私がヘリテイジ・エクスペディションズ社を始めたのは一九八五年。その頃はまだ、エコツーリズムなんていう言葉を口にしている人はあまりいなかったね。もし、エコツーリズムというビジネスがこんなに大変なことだって当時分かっていたら、始めていなかったかもしれないよ。私が南極でのエコツーリズムを作っていく上で重要だと考えているのは、『holiday（休日）』、『educate（教育）』、『advocate（提唱）』これら三つの項目だ。参加者はもちろん『休日』を楽しみに南極へやってくる。休暇を楽しむためのツアーでなければ、ツーリズムとして成り立たない。次に『教育』。もし、教育プログラムがなかったら、南極を旅して様々なものを見たのに、南極とは何だったのか大切なことを知らずに帰ってしまう。教育プログラムなしでは、ただの物《もの》見《み》遊《ゆ》山《さん》の旅行になってしまう。そして、最後の『提唱』。『休日』、『教育』を踏まえた上で、今、南極でどんなことが起こっているのか、きちんと伝えるために『提唱』が必要だ。この美しい南極の大地がどうなっていくべきか、自分の意見を述べ、参加者にも考える機会を与える。これら三つの項目がバランスよく機能していくことで、初めてエコツーリズムが有機的に意味をなしてくる

船から乗り降りする際は靴の裏を洗剤で洗う。南極の生態系に、植物の種や土などを持ち込まないためだ。

んだ。どれかに偏りすぎていてもいけない。バランスが大切なんだ。この三つの項目を入れていくのは、短いツアーではなかなか難しい。だから私のツアーは、一番短いものでも六日間かかるんだ」

『休日』、『教育』を取り入れたエコツーリズムは、確かに多い。『提唱』まで踏み込んだエコツーリズムは、それほど多くない。しかし、『提唱』がなければ、『教育』で得た知識も本当の自然保護へはつながらない。『提唱』があってこそ、人々はそれぞれの国に帰った後も、何らかの形で南極の自然について考えることができ、自然保護活動へつながっていく可能性があるのだという。亜南極地域の自然保護活動に大きく貢献した人物であるからこそ、この言葉が出てくるのだろう。ロドニーは、最後にもう一つ言葉を付け加えた。

「ユリ、エコツアーの中で大切なことは何だと思う？　経験を共有すること（share experience）だと私は思う。一度に数百人も一緒に行くようなツアーでは、参加者と経験を共有することなんてとてもできない。だから私は、この四八名乗りのショカルスキー号でいつも旅をしているんだ。参加者と同じ風景を見て、同じ音を聞き、同じ感動を共有する。とにかく、これがエコツアーの基本だ。しかし四八名のツアーであっても、すべての人と同じ経験をすることはできない。自然を舞台にしたツアーでは、いろ

１カ月を過ごしたショカルスキー号。流氷を割って進むその姿はとても頼もしく見えた。

南極の旅を共に過ごした参加者たち。我が家ともいうべきショカルスキー号の前で最後の１ショット。

いろな場所で、様々な出来事が同時に起こってるんだ。四八名全員と、経験を共有するためにはどうしたらいいと思う?」

全員と経験を共有するとは、どういう意味だろう。私は、少し考えた。

「分かったわ。レビュー!」

「その通り!」

エクスカーションが行われた後、必ず、レビューと呼ばれる報告会が行われていた。数人しか体験しなかった水中でのキングペンギンとの遭遇も、健脚《けんきゃく》な者しか行けなかったアルバトロスの繁殖地も、毎晩遅くまで起きていた者だけが見た午前二時のアイスバーグも、皆の前で発表することで、参加者全員と出来事を分かちあっていたのだ。

船は北に進む。あれほどたくさんあったアイスバーグも流氷も、海の彼方に消えてしまった。最後までショカルスキー号を見送ってくれたアデリーペンギンも姿を消した。氷で覆われた険しい山々も、見えなくなった。ブリッジの温度計は摂氏五度を示している。暑くて暑くてたまらない。行きの船では、雪だるまのように着込んでいった服を、一枚一枚脱ぎ捨てた。帽子を脱ぎ、マフラーを取り、ジャケットを脱ぎ、最後にはセーターも脱ぎ、薄手のシャツ一枚で外に出た。冷たい海風を受けると気持ちがいい。マイナス二〇度から数日間でプラス五度まで上昇すると、体がおかしくなってしまうのだ。ピートは、Tシャツ一枚で甲板に立ち、暑い暑いと言いながらほてった体を冷ましていた。

ショカルスキー号が南極から遠ざかって行くことが、ただただ悲しかった。離れていく南極の姿を目に焼きつけながら、私はロドニーに言った。

「このまま南極に私を置いていってほしいような、そんな気がする。まだ帰りたくない、まだ見てないものがたくさんあるようなそんな気がします」

「ユリ、それは、まさしく南極病だよ。一度かかると、なかなか治らないから用心したほうがいい。私も初めて行った時に、重い南極病にかかってしまったんだ。これまでに一四回南極に行っているが、一度だって同じ光景を見たことがない。行くたびに、南極はまったく違う世界を見せてくれる。同行するメンバーが異なれば、経験する出来事も違う。語り合う話も違う。一回だって同じ南極はないんだ」

エコツーリズム、それは自然を舞台に繰り広げられる演劇だ。参加者は、登場人物の一人として舞台に立つ。どんな生き物に出会うのか。どんな美しい風景が待っているのか。どんな不可思議な出来事に遭遇するのか。この舞台には脚本も演出もない。しかし、まるで私たち登場人物を待っていたかのように、様々な生き物が現れ、予想もしえない場面が次々と展開していく。見渡す限り三六〇度の大パノラマの世界に包まれ、そして、細胞の一つ一つまでも、すべて自然に包まれていることに気づく。その中で、私たち旅人は、何を語り合い、何を分かち合うのか。すべては、自然と偶然が創り出すたった一度だけの演劇なのだ。

ショカルスキー号は、ニュージーランドとロシアの旗を掲げ、ブラフ港へ入って行った。私たちは、船長以下ロシア人クルーにならい、全員背筋を伸ばした。コンクリートで造られた港。巨大な貨物船。小高い丘に立ち並ぶ、たくさんの家々。車の放つエンジン音。ここは、一カ月前に南極に向け旅立った港だ。久しぶりに見る街の風景に、目が違和感を覚えていた。アイスバーグのないこの世界に馴染めるようになるには、まだもう少し時間がかかるだろう。

アカデミック・ショカルスキー号　南極大陸を目指す旅
"South to Antarctica" 南極航海日誌

日付	場所	南緯・東経	進んだ距離（km）
1月4日	ブラフ港	46°30’ / 168°22’	0
ニュージーランド最南端ブラフ港で、ショカルスキー号に乗船。南極に向け出発。荷物を片づけた後ブリーフィング。穏やかだった海は、夜半過ぎから大荒れに。吼える40度の恐ろしさを実感する。			
1月5日	スネアーズ島	48°17’ / 166°34’	253.2
西風強い悪天候の中、スネアーズ島へゾディアック・クルージング。イワトビペンギンの仲間、スネアーズ・ペンギンを観察。岩場をピョコピョコと降りてくる姿に感動。			
1月6日	オークランド諸島 / エンデビー島	50°30’ / 166°16’	325
穏やかな天気の中、エンデビー島へピクニック。お花畑を歩くキガシラペンギン、卵を抱えるアルバトロス、シーライオンの子どもたち……島を一周しながら、たくさんの野生生物に出会った。			
1月7日	オークランド島	50°50’ / 165°55’	77
サバイバルコースへ挑戦。オークランド島に上陸し、道なき道を行くこと2時間。やっとの思いで頂上に到着。断崖絶壁のアルバトロスのコロニーは、群青色の海に映えていた。			
1月8日	海の上	52°52’ / 162°16’	375.6
船は南へ進む。だんだん風が冷たくなってきた。アルバトロス、ウミツバメ、ミズナギドリ、たくさんの海鳥がショカルスキー号を追いかけてくる。			
1月9日	マックォーリー島	54°34’ / 158°55’	295.4
マックォーリー島サンディー湾に上陸する。目の前にはミナミゾウアザラシ、後ろからはロイヤルペンギン、左右にはキングペンギンの群れ。ここはまさしく絶海の孤島。野生生物の多さに驚愕する。			
1月10日	マックォーリー島	54°30’ / 158°56’	8.5
オーストラリア亜南極研究所（ANARE）を訪問。バリーの解説で、ミナミゾウアザラシを観察する。午後、ルジタニア湾へ移動。数キロにも及ぶキングペンギンの大コロニーを観察する。その直後、キングペンギンと泳いだ。			
1月11日	海の上	57°44’ / 162°54’	448.2
海には白波が立ち始める。亜南極諸島での体験を皆で話し合う。私は水中でのキングペンギンについて発表した。午後からオルカのビデオが上映された。ビデオはとても面白いが、揺れる船の中でビデオを見るのはかなり気持ち悪い。			
1月12日	海の上	61°05’ / 167°52’	560.6
午後3時ごろ、ロシア人クルーが最初のアイスバーグを発見。初めは米粒ほどのアイスバーグだったが、やがて肉眼ではっきり見えるほどに近づいた。アイスバーグ・フィーバーが起こる。ＩＡＡＴＯのブリーフィングが行われた。			

<table>
<tr><th>日　付</th><th>場　所</th><th>南緯・東経</th><th>進んだ距離（km）</th></tr>
<tr><td>1月13日</td><td>海の上</td><td>65°41’ / 175°35’</td><td>551</td></tr>
<tr><td colspan="4">午後５時ごろ、南緯66度33分を通過。深い霧に包まれる中、南極圏通過のセレモニーが行われた。長い汽笛が響き渡り、参加者は全員、おでこにペンギンのスタンプを押してもらった。</td></tr>
<tr><td>1月14日</td><td>海の上</td><td>69°31’ / 176°58’</td><td>467.3</td></tr>
<tr><td colspan="4">流氷の上に乗るアデリーペンギンを、生まれて初めて目撃する。南極大陸が近づいてきたことを実感する。ヴェロニカとビルの誕生日。ティナがケーキを焼き、皆でお祝いをした。</td></tr>
<tr><td>1月15日</td><td>アデア岬</td><td>71°16’ / 170°11’</td><td>350.6</td></tr>
<tr><td colspan="4">素晴らしい快晴のなか南極大陸へ上陸。アデア岬に記念すべき第一歩を踏みしめる。アデリーペンギンの28万番の大コロニーで一日を過ごす。あっちを向いてもアデリー、こっちを向いてもアデリー。一生分のアデリーペンギンを観察した。</td></tr>
<tr><td>1月16日</td><td>ポゼッション島</td><td>72°10’ / 170°56’</td><td>170.8</td></tr>
<tr><td colspan="4">早朝ポゼッション島へ上陸。アデリーペンギンの大コロニーを観察。足先が痛い。軽度のしもやけになり、南極の寒さを知る。午後、ケープ岬へ上陸を試みるが、突然、流氷の大群が押し寄せ上陸できなかった。</td></tr>
<tr><td>1月17日</td><td>海の上</td><td>74°24’ / 169°38’</td><td>293</td></tr>
<tr><td colspan="4">テラノバ湾に向けて、船はひた走る。マーガレットのレクチャー「南極の地質学的歴史」が行われた。ジョセフは甲板に出て、一日中アイスバーグの写真を撮り続けていた。</td></tr>
<tr><td>1月18日</td><td>イネクセプレシブル島 / テラノバ基地</td><td>74°40’ / 164°13’</td><td>309.1</td></tr>
<tr><td colspan="4">朝３時45分ロドニーのアナウンスで起こされる。イネクセプレシブル島に上陸。流氷の上でマークとトゥリーシュの婚約式が執り行われた。午後、イタリアのテラノバ基地を訪問。充実の一日だった。</td></tr>
<tr><td>1月19日</td><td>バード岬</td><td>76°32’ / 168°34’</td><td>324.1</td></tr>
<tr><td colspan="4">フランクリン島を右手に見る。巨大なアイスバーグＢ15と遭遇。行けども行けども、アイスバーグの端が見えない。夕方、ロス島の北端バード岬に到着。アイスバーグの横で、アランとデイビッドと共にダイビングをした。</td></tr>
<tr><td>1月20日</td><td>ロイズ岬</td><td>77°32’ / 166°06’</td><td>197.2</td></tr>
<tr><td colspan="4">流氷の上にアルゴ号を降ろし、ロイズ岬にあるシャクルトンの小屋へ。目の前には、エレバス山が大きくそびえる。小屋の内部を見学し、当時の南極探検に思いを馳せた。</td></tr>
<tr><td>1月21日</td><td>エバンス岬</td><td>77°39’ / 166°06’</td><td>26.5</td></tr>
<tr><td colspan="4">天候悪化。厚い流氷に覆われ、ショカルスキー号はエバンス岬の近くで前に進めなくなる。すると、コウテイペンギンがどこからともなくやってきて、船の近くへと集まってきた。午後からは、オルカの群れも現れ、ミンククジラのショーが始まった。</td></tr>
<tr><td>1月22日</td><td>フランクリン島</td><td>76°57’ / 167°16’</td><td>138.9</td></tr>
<tr><td colspan="4">未明、ショカルスキー号は今回の旅の最南端（南緯77度39分）を記録し、北に向けて帰路に着いた。左手には、再びフランクリン島が見える。アメリカの砕氷船とタンカーが流氷を割って、進んで行くのが見えた。</td></tr>
</table>

<table>
<tr><th>日　付</th><th>場　所</th><th>南緯・東経</th><th>進んだ距離（km）</th></tr>
<tr><td>1月23日</td><td>アイスバーグに囲まれる！！！</td><td>73°44’ / 175°46’</td><td>374.3</td></tr>
<tr><td colspan="4">巨大アイスバーグに行く手を阻まれる。アイスバーグの右手から進もうとしたが、半日以上進んでもアイスバーグの終わりが見えない。風は止み潮も止まった。太陽は地平線ぎりぎりに落ち、船の外では、静かに午前２時のアイスバーグのショーが始まった。</td></tr>
<tr><td>1月24日</td><td>海の上</td><td>73°01’ / 177°49’</td><td>322.6</td></tr>
<tr><td colspan="4">ショカルスキー号は元いた場所まで戻り、左側からアイスバーグを通り抜けていった。今度は、巨大なアイスバーグのクリアーに成功。無事、大きく北上することができた。</td></tr>
<tr><td>1月25日</td><td>海の上</td><td>72°08’ / 174°27’</td><td>464.3</td></tr>
<tr><td colspan="4">アイスバーグも流氷も少なくなる。南極がどんどん遠ざかっていく。南極から離れたくないという気持ちが、だんだん強くなってくる。</td></tr>
<tr><td>1月26日</td><td>海の上</td><td>68°19’ / 173°57’</td><td>439.7</td></tr>
<tr><td colspan="4">気温５度。暑くて暑くてしょうがない。ピートとハーリーは、Ｔシャツ短パンで甲板を歩いている。空には、アルバトロスやミズナギドリなど海鳥が戻ってきた。</td></tr>
<tr><td>1月27日</td><td>海の上</td><td>63°19’ / 172°11’</td><td>566.2</td></tr>
<tr><td colspan="4">南極の旅について、詩の発表会＆ディスカッション。私も英語で意見が言えるぐらいになりたい。日本に帰ったらもっと英語を勉強しようと心に誓う。久しぶりの夜がきた。南極上空にオーロラを目撃する。</td></tr>
<tr><td>1月28日</td><td>海の上</td><td>58°27’ / 170°45’</td><td>550</td></tr>
<tr><td colspan="4">ツアーリーダーのロドニー・ラス氏にインタビュー。彼にとってエコツーリズムとは何かと訊く。海の上連続７日目。船に乗っているのも飽きてきた。早く上陸したい。</td></tr>
<tr><td>1月29日</td><td>海の上 / キャンベル島</td><td>53°30’ / 169°29’</td><td>558</td></tr>
<tr><td colspan="4">キャンベル島でゾディアック・クルージング。ジャイアントケルプの森でダイビングをした。水中でシーライオンを、数秒間目撃する。</td></tr>
<tr><td>1月30日</td><td>キャンベル島</td><td>53°30’ / 169°29’</td><td>134.3</td></tr>
<tr><td colspan="4">雨の中キャンベル島に上陸。１週間ぶりの陸地を踏むと、地面が揺れる感じがした。島には、ロイヤルアルバトロスの巣が点在していた。泥の中にアルバトロスの巨大な足跡を発見。私の足跡とほぼ同じ大きさだった。</td></tr>
<tr><td>1月31日</td><td>海の上</td><td>49°27’ / 168°45’</td><td>355.6</td></tr>
<tr><td colspan="4">荷造りに追われる一日。別れを惜しむべく、皆とメールアドレスや住所を交換した。夜にはお別れ会、フェアウェルパーティが開かれた。</td></tr>
<tr><td>2月1日</td><td>ブラフ港</td><td>46°30’ / 168°22’</td><td>311.1</td></tr>
<tr><td colspan="4">朝８時ブラフ港で下船。１カ月間、わが家のように過ごしたショカルスキー号と別れ、全航行距離9248キロに及ぶ南極への長い旅を終えた。空港では南極を旅した仲間たちとも別れ、家族が待つそれぞれの国へと帰っていった。</td></tr>
</table>

全航行距離9248.0km

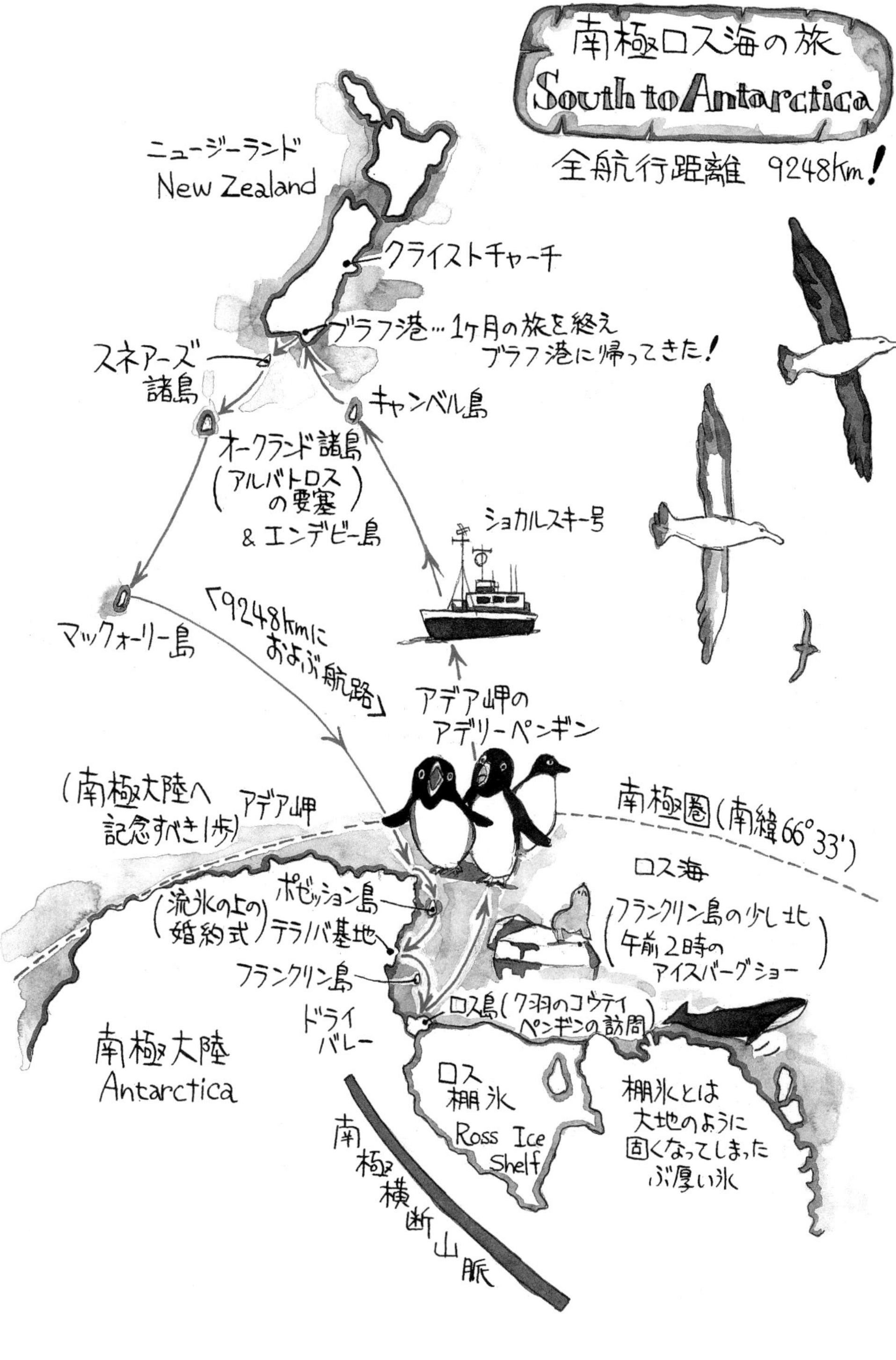
南極ロス海の旅
South to Antarctica
全航行距離 9248km!
ニュージーランド
New Zealand
クライストチャーチ
ブラフ港…1ヶ月の旅を終え
ブラフ港に帰ってきた!
スネアーズ諸島
キャンベル島
オークランド諸島
(アルバトロスの要塞)
& エンデビー島
ショカルスキー号
マックォーリー島
「9248kmにおよぶ航路」
アデア岬の
アデリーペンギン
(南極大陸へ記念すべき1歩)
アデア岬
南極圏(南緯66°33')
ロス海
ポゼッション島
(流氷の上の婚約式)
テラノバ基地
フランクリン島
(フランクリン島の少し北
午前2時の
アイスバーグショー)
ドライバレー
ロス島(7羽のコウテイペンギンの訪問)
南極大陸
Antarctica
ロス棚氷
Ross Ice Shelf
棚氷とは
大地のように
固くなってしまった
ぶ厚い氷
南極横断山脈

●南極を旅しよう！

南極ツアーを探す

「夢の旅行」と考えられていた南極への旅。南極観光が始まった一九六〇年代には、一人の旅行代が数百万円と、南極とはまさに一部の観光客しか行くことができない夢の大陸だった。一九九〇年代になり、ソ連の崩壊とともにロシアの船が進出するようになり、南極ツアーは新たな時代を迎えることになった。南極ツアーの本数が多くなり、価格が下がってきたのだ。南極半島を往復する一〇日間のクルーズで三五～四五万円程度と、かなり現実的な価格になってきている。現在では、年間一万人以上が南極の大地を踏みしめるようになった。

さて、南極に行くにはどうしたらいいのだろうか。南極クルーズを探すのが一般的だ。クルーズは船が移動手段であり、宿泊施設となる。一度キャビンに荷物を置いてしまえば、重い旅行荷物を持って移動する必要もない。船内のダイニングルームで三度の食事を摂り、起きるたびに毎朝違う風景が現れる。船を降りればそこは自然の真っ只中なのだ。クルーズの旅に慣れてしまうと、これほど快適な旅はない。

南極半島やロス海のマクマード基地へ向けた飛行機のツアーもある。短期間で南極まで往復することができるのだが、せっかく南極大陸まで行ったのに、宿泊は基地内にあるホテル。基地の周辺しか見ることはできない。南極の雄大な自然を堪能したいという方には、やはり、クルーズのほうがお勧めだ。

南極クルーズが行われるのは、南半球が夏になる一一月下旬から三月上旬まで。南極旅行の主催会社で構成された団体ＩＡＡＴＯ（http://www.iaato.org）では、南極旅行に関する自主ルールを作り、南極の自然環境を壊さないような観光を推進している。この団体に加盟している旅行会社だけでも二八社。加盟していない会社も合わせると、四〇社以上が南極への観光・クルーズを行っている。どの会社も個性に溢れたツアーを展開している。

数あるクルーズの中から、自分に合った南極クルーズを探したい。情報収集に一番よい方法は、インターネット。IAATOのホームページ（前出）からも、各旅行会社へリンクが貼られている。リンクをたどり、旅行会社のホームページを開くと、南極クルーズが紹介されている。南極クルーズがうまく見つけられない人は、各旅行会社にメールでパンフレット（a pamphlet, a brochure）を請求してみよう。PDFファイルを希望すれば、すぐにメールで送ってくれる。郵送で希望すれば、一週間ほどでパンフレットが送られてくる。

パンフレットやホームページを開きながら、注意して見てほしいのは、各会社が南極クルーズの中で何に力を入れているかということ。ペンギンが大好きで南極に行きたいという人には、野生生物の観察に力をいれたツアーが楽しいだろう。南極で冒険旅行をしたい人は、トレッキング・キャンプなどのエクスカーションが充実しているツアーがいい。写真派には、上陸時間をじっくりくれるクルーズもある。また、年配の方には、全室バスルームつきなど船の設備が整ったクルーズもよい。

昔に比べ安くなったとはいえ、まだまだ高額な旅行なので、クルーズ選びにはじっくり時間をかけたい。人気のある南極クルーズは、一年以上前から予約が入る。半年前には、予約がいっぱいになるところも少なくない。一年近く前から旅行の計画を立てるのは難しいものだ。もし満員だと断られてしまったら、クルーズの三カ月ぐらい前を狙って、もう一度問い合わせをしてみるといい。キャンセルが出ていれば、この時期に席が空く。

南極半島へのクルーズのほとんどは、アルゼンチンのウシュアイア港から出発する。ウシュアイアと南極半島間は移動距離が短いので、比較的短期間のクルーズで行くことができる。休みが取りにくい日本人向けに、七日間のクルーズが作られたことがあるが、ドレーク海峡を渡るのに二日ほどかかるため、実際に南極に滞在できるのは二～三日だ。時間に制限があるので、南極圏を越えられないクルーズもある。南極の自然やペンギン・クジラなど野生生物を堪能するには、最低でも一〇日間以上のクルーズを選んだほうがいい。

南極半島は、複雑な入り江と島々が続く箱庭的な印象の風景だ。ドレーク海峡を越えるまでは荒れる海を覚悟しなくてはならないが、南極半島まで到着してしまえば、海は穏やかになり、アデリーペンギン、アザラシ、クジラなどの野生生物はもちろんのこと、南極半島側に主に生息するアゴヒゲペンギンが見られる。他には、デセプション島の温泉、ポートロックロイの郵便局、美しいパラダイスベイ、ルメール海峡など。南極半島のアイスバーグは、ロス海のものに比べ小型のものが多い。しかし、南極半島では、ブルーアイスバーグに遭遇する確率が高い。

一方、ロス海のクルーズは、南極半島より高緯度域を航海するので、二〇日間以上の日数を要する。こちらは、雄大な風景が続き、巨大なアイスバーグにも遭遇できる。スコットやシャクルトンなど南極探検隊の足跡をたどる旅でもある。アデリーペンギンの巨大なコロニー、ドライバレー、ロス島近くまで行けば、スコットの小屋、シャクルトンの小屋、エレバス山、そして、ミンククジラ、オルカの群れやコウテイペンギンが見られる確率も高くなる。

日程に余裕がある場合、離島を訪れるクルーズがおすすめだ。南氷洋に浮かぶ島々、フォークランド諸島、南ジョージア島など。ロス海側であれば、マックォーリー島、オークランド諸島など、秘境ともいえる野生生物の楽園を訪れることができる。私もクルーズで亜南極諸島に立ち寄っている。ここでの自然体験は忘れられないものばかりであった。

クルーズによっては、ダイビング・キャンプ・カヤックのツアー、コウテイペンギンを見に行くツアー、バードウォッチング、ホエールウォッチングツアー、体力は必要だがヨットで南極半島を目指すツアーなど、様々なツアーがある。こういった特色の強いツアーは、興味が合わないと辛いが、自分の興味と合致すれば、本当に楽しいツアーとなる。世界中から集まった同じ趣味を持つ旅行者と出会える、思い出に残る旅となるだろう。

クルーズ代の他に、大きな出費となるのが、出発国（アルゼンチン・ニュージーランド・オーストラリアなど）までの航空チケット代。南半球が観光シーズンを迎える夏は、一年の中でも航空券が一番高い時期である。特に南米への航空券は高く、時期によっては、航空券だけでクルーズ代より高くなってしまう場合もある。旅行日数が限られている場合は、高くても日本から南米への航空券を確実に手配するのがベストだ。しかし、南米への航空チケット代を少しでも抑えたい裏技として、英語に自信のある方は、北米にある南極クルーズ主催会社に直接コンタクトを取ってみよう。北米から南米への航空券を、格安で手配してもらえる場合がある。北米までのチケットは、自分で手配する。この時期の日本から北米への航空料金は、格安航空券などを利用すればそれほど高くない。格安航空券を二つ組み合わ

南極半島への旅
W
N
E
S
0
100
200kilometers
南太平洋
南大西洋
プンタアレナス
（チリ）
チリ
アルゼンチン
フォークランド
諸島
フェゴ島
ウシュアイア
（アルゼンチン）
アルバトロス
ホーン岬
クルーズ船の主な航路
ドレイク海峡
海水温泉
で有名
南極海
アゴヒゲ
ペンギン
が棲息
ハーフムーン島
デセプション島
南シェトランド諸島
ポートロックロイ
キングジョージ島
郵便が
出せる
MAIL
E.R
リビングストン島
パラダイスベイ
南
極
半
島
ルメール
海峡
流氷に
のった
アゴヒゲ
ペンギン

せて行くので、スケジュールは余裕を持ったものにしたい。南極でクリスマスを向かえるクルーズは、料金が一番高く設定されている。欧米人の休暇がピークとなるクリスマスをはずせば、クルーズ代は少し安くなるし、予約も取りやすい。

南極クルーズを主催する会社をいくつかご紹介しよう。ここに掲げた各社は、エコツーリズム的な視点でツアーを行っている。代表的なクルーズを載せたが、これ以外にも様々な南極クルーズがあるので、各社のホームページやパンフレットをチェックしてほしい。クルーズ代は二〇〇三〜二〇〇四年のもの。スケジュール、クルーズ代は、毎年更新されるので、ホームページで最新の情報を確認してほしい。

●日本の旅行代理店

★トライウェルインターナショナル

代表の田島和江氏は、二〇〇一年に南極クルーズを体験して以来、南極の魅力にとりつかれているという。同社は、九六年ツアーオブザイヤーアイデア企画特別賞を受賞し、南極クルーズ旅行を始めとして、様々な個性的な旅を提供している。扱っている南極クルーズは、Quark Expeditions社。南極に行ってみたいが、英語が不安だというという人は、日本の代理店を通して申し込むのが安心だろう。出発に向けて、日本語でのきめ細かなアドバイスがもらえるのが嬉しい。

〒107-0062 東京都港区南青山 7-1-21-704
TEL 03 3498 2926
Email: trywell@east1.co.jp
http://www.east1.co.jp/~trywell/

★H.I.S.

二〇〇四年二月に、一六日間の南極半島クルーズを企画している。以後、毎年南極クルーズを行う予定。リビングストン島、デセプション島、ポートロックロイ、ハーフムーン島、ルメール海峡、パラダイスベイなど、南極半島の主な見所を押さえたクルーズ。全室バスルームつきのキャビン。日本人のツアーバトラー（添乗員）が同行する。

〒151-0051 東京都渋谷区千駄ヶ谷 5-33-8
TEL 03 5360 4755 FAX 03 5360 4766
Email: tx-elegante@his-world.co.jp

●南極クルーズ主催会社

★ヘリテイジ・エクスペディションズ

Heritage Expeditions

南極ロス海及び亜南極諸島へのクルーズを主催。ロス海でのクルーズに実績あり。南極及び亜南極諸島でのダイビングをオプションで受けつけている。南極へのクルーズとしては比較的小さい四八人乗りのショカルスキー号を使い、少人数制のツアーを行っている。一九日間亜南極諸島のクルーズ六六五四米ドル〜。二九日間の南極ロス海のクルーズ一万八八三米ドル〜。

PO Box 6282 Christchurch NEW ZEALAND
TEL +64 3 3389944
Email: hertexp@attglobal.net
http://www.heritage-expeditions.com

★クウォーク・エクスペディションズ

Quark Expeditions

南極、北極にツアーを行っている極地クルーズ専門の会社。日本人の参加者も多い。上陸時間をゆっくりと取るなど、ガイディングの質の高さに定評あり。カピタン・クレブニコフ号には、ホテルのような快適なキャビン、プール、ジム、図書室などがある。ヘリコプターも備えており、ゾディアックだけでなく、空からの南極も楽しむことができる。一般のクルーズでは遭遇しにくい、コウテイペンギンのコロニーへのアクセスも可能だ。南極半島一一日間のクルーズで、二六九五米ドル〜。毎年ではないが、南極大陸一周クルーズも行っている。南極大陸一周クルーズ（二〇〇二―二〇〇三）は六六日間かかり、三万四九五〇米ドル〜。

980 Post Road,Darien, Connecticut 06820 USA
TEL +1 203 656 0499
Email: enquiry@quarkexpeditions.com
http://www.quarkexpeditions.com

★オーロラ・エクスペディションズ

Aurora Expeditions

南極半島、ロス海でのクルーズツアーを主催している。ツアー中は、一日二、三回のエクスカーション。南極クルーズでは一五年以上の実績があり、キャンプ、カヤッキング、登山、ダイビングなど屋外のアクティビティを、早くから展開している。一般のクルーズの他に、「ダイバー&写真家」「登山家&写真家」「シャクルトンの冒険」など、テーマ性の高いクルーズもある。南極半島一一日間のクルーズで、三六九〇米ドル～。南極半島と離島を巡る一九日間のクルーズで、六五五〇米ドル～。

182 A Cumberland Street,The Rocks,Sydney NSW 2000,AUSTRALIA
TEL +61 2 9252 1033
Email: auroraex@auroraexpeditions.com.au
http://www.auroraexpeditions.com.au

★ゼグラム・エクスペディションズ

Zegrahm Expeditions Inc.

　南極半島、サウスジョージア島、フォークランド諸島で、内容の濃いクルーズを展開している。南極半島の二〇日間のクルーズで一万四九〇米ドル～、南極半島&コウテイペンギンのツアーは、三〇日間で一万九九九五米ドル～、比較的高額なツアーである。船は全室バスルームつき、他にはラウンジ、プール、図書室などの完備した上級クラスのものを使用している。食事も飽きが来ないよう、国際色豊かな料理を揃えている。クルーズには、南極の歴史、地質学、海洋生物、海鳥などの複数の専門家が同行し、レクチャーを行う。

192 Nickerson Street, #200,Seattle, WA 98109 USA
TEL +1 206 285 4000
Email: zoe@zeco.com
http://www.zeco.com

★マウンテン・トラベル―ソーベック

Mountain Travel-Sobek

　ツアー中のアクティビティに力を入れている。ウォーキングやインタープリテーション時間をかけ、天候が許すならば、アイスバーグが浮かぶ海でのカヤックや、一晩を屋外で過ごすキャンプを体験することも可能だ。一〇～一九日まで一一種類のクルーズがある。一〇日間三九九〇米ドル（三人の相部屋）が一番安く、一九日間のスイートキャビンで、一万一二九〇米ドルが一番高い料金。カヤッキングは、オプションで四五〇米ドル追加となる。

6420 Fairmount Avenue　El Cerrito, California 94530 USA
TEL +1 510 527 8105
Email:nadia@mtsobek.com
http://www.mtsobek.com

★ペルグリン・アドベンチャーズ

Peregrine Adventures

南極半島のクルーズを主催。写真ツアー、ハイキング、ゾディアックのアクティビティなどに力を入れている。キャンプとスノーシューイングは無料で提供。カヤックは四五〇米ドル。一〇日間のクルーズで三九九〇米ドル～。図書室、ラウンジ、プール、サウナなどの設備の揃った船を使用。

258 Lonsdale St,Melbourne, Vic 3000,AUSTRALIA
TEL +61 3 9663 8611
Email: AndrewP@peregrine.net.au
http://www.peregrine.net.au

★クリッパー・クルーズ・ライン

Clipper Cruise Line

南極半島のクルーズ。クリッパーアドベンチャー号は、六一室すべて海が見える船室で、バスルームつき。食事も窓のあるダイニングルームでゆったり摂れる。二つのラウンジ、ヘアーサロン、ライブラリー、ジムがある。木製の美しいデッキでは、南極の雄大な風景を眺めながら、ゆっくりとした時間を過ごすことができる。電話、ファックス、eメールの設備も完備。一一日間のクルーズで六五〇〇米ドル～。

11969 Westline Industrial Drive,St. Louis, MO 63146 USA
TEL +1 314 655 6776
Email: bgodwin@intrav.com
http://www.clippercruise.com

★ワイルドウィングス／ワイルドオーシャンズ

WildWings/WildOceans

会社の名前にもなっているように、バードウォッチング、ホエールウォッチングに力を入れた南極クルーズを行っている。いくつかのクルーズには、ナチュラリストが同行する。行き先は南極半島とロス海。九日間の南極半島クルーズで三四九五米ドル～。二〇日間のクルーズは、六六九五米ドル～。

577-579 Fishponds Road,Fishponds, Bristol,BS16 3AF
Avon UNITED KINGDOM
TEL +44 1179 658 333
Email: expcruises@wildwings.co.uk
http://www.wildwings.co.uk

★チーズマンズ・エコロジー・サファリ

Cheesemans' Ecology Safaris

少人数制のユニークな野生生物観察ツアーを主催。ペンギンコロニー、アルバトロスのコロニーの観察などに、じっくりと時間を割いてくれる。通りいっぺんの南極ツアーでなく、野生生物を心ゆくまで観察したい人には、楽しいツアーになるだろう。写真を撮りたい人にもいい。ツアーリーダーのチーズマン氏は、動物学者でもあり、野生生物に造詣が深い。このツアーは終日禁煙。二九日間のツアーで一万九五〇〇米ドル～。

20800 Kittredge Road Saratoga, California 94070 USA

TEL +1 408 741 5330

Email: cheesemans@aol.com

http://www.cheesemans.com

★アドベンチャー・アソシエイツ

Adventure Associates

南極、北極での少人数制のツアーを行っている。南極半島では、ナチュラリストと共に、野生生物や美しい自然をめぐるクルーズ。タスマニア島を出航して、マックォーリー島を通り、ロス海を目指すクルーズなどがある。一〇日間のクルーズで、三人部屋であれば、一二六五〇米ドル～。早期予約割引もある。

197 Oxford Street Mall,PO Box 612,Bondi Junction, Sydney, NSW 2022,AUSTRALIA

TEL +61 2 9389 7466

Email: mail@adventureassociates.com

http://www.adventureassociates.com

★オーシャンワイド・エクスペディションズ

Oceanwide Expeditions

北極の島々、南極半島のクルーズを催行している会社。一度のクルーズは四六名と少人数のツアーを行っている。一一日間で四二〇〇米ドル～。オプションでダイビングのできるクルーズもある（八〇〇米ドル）。

Bellamy Park 9 4381 CJ Vlissingen, NETHERLANDS

Marlynda Elstgeest

TEL +31 118 410410

Email: marlynda@ocnwide.com

http://www.oceanwide-expeditions.com

●南極を旅しよう！

南極旅行の準備

参加する南極ツアーが決まったら、南極へ行く準備にとりかかろう。ツアー主催会社から旅行参加の手引き（Pre-Departure Information）なるものが送られてくる。それらの持ち物リストを参考にしながら、荷造りにとりかかりたい。基本的には、通常の海外旅行の準備と変わらない。ショカルスキー号のツアーを例に、南極旅行の準備についてまとめよう。

◆服装

南極旅行が行われるのは、南半球が夏になる一一月下旬〜二月下旬まで。この時期の南極ロス海の気温は、暖かい日は気温プラス五度、寒い日でマイナス一五度ぐらいになる。ロス海を訪れる方は、冬の北海道を訪れるぐらいの準備をしておいたほうがいい。一方南極半島側は、あまり緯度が高くないのでプラス五度からマイナス五度ぐらい。スキー場を訪れる程度の準備をしておこう。この時期、日本は冬にあたるので、防寒着などは入手しやすい。エコツアーとなると、屋外にいる時間も数時間以上と長くなる。せっかく南極に行ったのに、寒くてペンギンを見ているどころではなかった、というのではもったいない。防寒具の準備はしっかりしておきたい。

お勧めは、登山用のアンダーウェアの上下。軽くて暖かく汗を発散するので、屋外でのアクティビティには欠かせない。その上に、薄手や厚手のフリースのセーターやウール一〇〇％のセーターなど。寒さに応じて脱いだり着たり調節できるように、いろいろなタイプを持っていくとよい。屋外ではスキーウェアのズボン、フリースズボンの上に防水用のズボンを着用している人も多かった。手、顔、足の防寒も重要。毛糸の手袋、マフラー。毛糸の帽子は必須アイテム。スキー用品はとても役に立つ。スキー用フェイスマスク、スキー用の厚手の手袋、ゴーグル、イヤーマフなどを持っていたら、鞄の中に入れておこう。使い捨てカイロは、経由国は夏にあたるので、まず入手できない。日本で購入しておこう。靴の中敷きなども、足先が冷えやすい人にはお勧めだ。晴れた日など、アイスバーグや流氷の照り返しはかなりきつい。長時間外を見ていると雪目になるので、サングラスは用意しておいたほうがいい。

洋服を準備するにあたって、注意しなくてはならないのは、まず日本を出発する時期は冬。南極への経由国（アルゼンチンやニュージーランド）は夏。それから一週間ほどかけ、離島などを訪れて、極寒の南極大陸へと移動していく。一週間で真夏から真冬の気候を移動するのだ。途中の離島でも、もちろんエクスカーションがある。つまり、夏の服装から真冬の服装まですべて準備しておいたほうがいいということだ。ツアーの中で、参加者が着ている赤色のジャケットは、旅行会社から支給されることが多い（各旅行会社に確認のこと）。この他に、防水加工が施されている（ゴアテックスなど）アウトドア用の薄手のジャケットとズボンを上下で用意しておいて、中に着込む服で寒さを調節するといい。

船内で履く靴は、スニーカーやデッキシューズなど裏が滑りにくいものがよい。それから、エクスカーションにトレッキングシューズも用意しよう。トレッキングシューズは泥だらけになる可能性があるので、船内用のスニーカーとは別に用意しておきたい。もう一つ、砂浜などに上陸するための長靴。長靴は様々な場面で活躍する。ツアー会社の参加の手引きに長靴と書かれていたら、必ず用意しておこう。

◆旅行カバン

南極ツアーは、船が宿泊の拠点となるクルーズ型のツアーが多い。各々の部屋となるキャビン（船室）には、作りつけの棚があり、旅行中は荷物はそこに移し、クローゼットとして利用できる。キャビンはホテルの部屋と比べると、決して広くはない。開け閉めするときにスペースを必要とするスーツケースは、あまりお勧めできない。大型のカバンは何がいいか各自の好みとなる。経由国までは一般の海外旅行と同じなので、丈夫できちんと鍵がかかるタイプの鞄がよい。ちなみに私はダイビング機材を持っていったので、普段から使っているダイビングバックに、すべての荷物を入れて南極へ出かけた。三〇キロ近い荷物を収納でき、滑車も取り外しできるので、とても便利である。

他には、エクスカーションに参加するためのデイパック。昼食やカメラなどを入れるためなので、小さなもので構わない。片方の肩に下げるタイプの鞄よりも、両手があくデイパックのほうがアウトドアでは有効なので、必ず一つ用意していきたい。

◆パスポートとビザ

経由国（南極ツアーの起点となる国）までは、一般の海外旅行と同じだ。出入国と経由国でパスポートが必要となる。経由国でビザが必要な場合は、取得しておこう。南極大陸に上陸するときは、パスポートは必要ない。南極には国が存在しないからだ。しかし、南極基地を訪れると、パスポートにスタンプを押してくれることがある。マックォーリー島のＡＮＡＲＥ基地で押してもらったスタンプは写真のとおり。基地を訪問するときは、忘れずにパスポートを持っていこう。

◆食事とお酒

南極ツアーの料理は、欧米スタイルが一般的だ。他には、飽きがこないようにオリエンタル風、インターナショナル風などがある。日本人の場合、出発前に食事に関してリクエストをつけるという人はあまりいない。しかし、欧米のツアーの場合、かなり細かい注文も受けつけてくれる。例えば、和食を用意してほしい。病気のためカロリー制限がある。ベジタリアン料理を用意してほしい。宗教上の理由で食べられない食材があるなどなど。リクエストをすることはわがままだとは思われないので、ツアー前に遠慮なく問い合わせてみよう。また、ツアー中の食事は代金の中に含まれているが、お酒は有料になることが多い。ビール、ワイン、シャンパンなどは、船内で購入できる。

◆通貨

船内での買い物は、サインで済ますことができる。ツアーの最後にクレジットカードなどで精算するので、船内ではあまり現金は必要ない。現金が必要となるのは、南極ツアーの前後で経由国に滞在するとき。経由国の現地通貨は必要だ。それから、ツアー中に訪問する基地で、お土産を販売していることがある。基地で利用できる通貨は、主にその国の通貨（オーストラリアの基地であれば、オーストラリアの通貨）。基地の通貨を用意しておくのは、無理だろう。お土産は、そこでしか買えないものばかりなので、入手したい場合は、米ドルを持って行ったほうがいい。また

USドルではおつりがないことがあるので、一ドル札から一〇ドル札ぐらいまで、細かい紙幣も用意しておこう。

◆医療サービス

長期の船旅となると、船に医者が同行している場合が多い。応急処置や簡単な手当てなどは受けることができる。船内には医務室もあり、一般的な薬も揃っている。しかし、南極で大ケガをしたり、深刻な病気になった場合、近くに医療機関はない。緊急の場合は、南極基地や軍などにレスキューを要請しなくてはならない。氷の割れ目に落ちれば骨折の可能性もあるし、船への乗り降りを失敗すれば、マイナス二度の海へ落ちることになる。旅行中は、ツアーリーダーの言うことをよく聞き、絶対にケガをしないようにする。持病のある人は、自分専用の薬を忘れずに。そして、万全の体調で参加しよう。

◆船酔い

南極への旅で一番心配だったのが、やはり船酔い。南緯四〇度から六〇度ラインを越える二〜三日は、船が揺れることは覚悟しておいたほうがいい。乗り物に弱い人も強い人も、船酔いの薬だけは用意しておいたほうがいい。船酔いの薬は効き始めるまで一〜二時間かかる。船内アナウンスなどで、いつごろ薬を飲むようにと指示がある。船酔いの薬を飲むと強烈な睡魔に襲われる。特に夜間は、船酔いの薬を飲んでやり過ごしてしまうのがいい。南極に着いてしまえば、海は穏やかそのもの。船酔いの心配はほとんどない。私は行きの数日間は船酔いの薬は飲んだが、帰りは船に慣れてしまったようで、薬は必要としなかった。

◆言語

南極ツアーでは英語が公用語である。ツアーのガイドも、基地での案内も英語で行われる。ショカルスキー号のツアーもディスカッションを除いては、それほど難しい英語は必要ではなかった。解説を聞くことよりも、南極の自然をしっかりと見ることが大切だ。アイスバーグを見た感動、コウテイペンギンを見た感動を共有するのに、言葉は必要ない。安全に関する指示がしっかりとわかること、日常英会話ができれば十分である。また、会社によっては、数名以上の日本人が一緒に参加する場合、日本語がわかるガイドをつけてくれることがある（ヘリテイジ・エクスペディションズ社の場合三〜四名以上）。このようなサービスを行ってくれるかどうかは、各ツアー会社に問い合わせてほしい。

ツアー申し込みのやり取りや、英語に不安がある場合は、日本の旅行代理店、また、日本人の添乗員が同行するクルーズを利用するのもいいだろう。

◆電子メール・電話・郵便

南極航海中も、船に備えつけられている衛星回線を利用して、電子メールを送受信することができる。ショカルスキー号の場合、送れる文字はアルファベットだけ。オペレーターが打つので、自分のパソコンは接続できない。一行あたり一〇〇円とかなり高額なので、必要最小限の連絡だけと考えておいたほうがいい。

国際電話が使用できる船もある。この場合も、一分あたり一〇USドル程度とかなりの高額。インターネットにパソコンを接続できる船もある。どのようなサービスが受けられるのか、事前に問い合わせておこう。

また、南極旅行中にも郵便は出すことができる。寄港した基地や、郵便局などで送ることができる。南極半島では、ポートロックロイの郵便局が有名だ。各ツアーによって、郵便を送れる場所は違うので、郵便を送りたい人は、ツアー会社に聞いておこう。ただし、南極で送った郵便物が日本に届くのは、二、三カ月後とのこと。あせらず気長に待とう。

◆図書館

船内には南極の写真集・図鑑・書籍などを集めた図書館があることが多い。空き時間などにこれらの本を見るのはとても楽しいのだが、やはり、英語だけを読むのはつらくなってくる。二、三冊でもよいので、南極関連の日本語の書籍、荷物にならない文庫本などを数冊持っていくことをお勧めしたい。

◆お土産

南極基地、また、ツアー中の船内で、南極関連のお土産を購入できる。基地の名前が入ったワッペン、Tシャツ、帽子、ナイフなどが人気。南極基地のワッペンは、毎年デザインが違うそうで、集めている人もいるという。ペンギンのぬいぐるみなども購入できる。

◆海外旅行保険

盗難のためというよりも、緊急医療のために、海外旅行保険には入っておいたほうがいい。万が一、南極で大ケガをしたり、重病になり、レスキュー隊を呼ぶようなことになったら、高額のレスキュー費用と医療費を請求されることになるだろう。旅行目的地が南極であっても、一般の海外旅行保険に入ることができる。旅行先は南極でダイビングもする予定だと保険会社に告げたが、まったく問題はなかった。また、高額の旅行なので、キャンセル特約（万が一身内の不幸などで、旅行に行けなくなった場合、旅行代金が補償される）の保険を検討するのもいいだろう。

◆南極での写真撮影

アイスバーグ、流氷、ペンギン、クジラ、シャチなど、南極はフォトジェニックな被写体で溢れている。シャッターチャンスは数え切れないほど訪れる。カメラの準備だけは、しっかりしておこう。

○フィルム

目安としては、普段の倍の本数は持っていった方がいい。なぜかというと、夏の南極は、二四時間明るいので、二四時間写真が撮れるからだ。私は一カ月の旅行で三六枚撮り約八〇本のフィルムを使用した。一般の旅行者でも、二〇～三〇本ぐらいは撮影していた。経由国や船でも買うことはできるが、海外ではフィルムは高いので、日本で購入しておいたほうがいい。ＩＳＯ感度一〇〇～四〇〇ぐらいのものを用意しよう。

○電池

低温では、電池の寿命は常温の半分ぐらい。特に寒い日は、新しいバッテリーでも、フィルム四～五本で撮れなくなることもある。電池もフィルム同様、絶対に南極では買えないので、普段の使う三～四倍ぐらいの電池を持っていった方がよい。また、電池が使えなくなっても諦めないこと。暖かい場所に置いておけば、また使えるようになる。

○カメラ

普段は一台しか持っていかないという人でも、南極に行く時には、最低二台以上のカメラを持っていくことをお勧めしたい。低温では、カメラが上手く作動しなくなることがあるからだ。はるばる南極まで行ったのに、一枚も写っていなかったというのは悲惨だ。一眼レフとコンパクトカメラ、デジタルカメラに使い捨てカメラなど必ず、バックアップ用にもう一台カメラを持っていこう。

デジタルカメラを持って行く場合、充電器を絶対忘れないように。また、長期の旅行になるので、一枚のメディアでは足りなくなる。フィルムの本数を参考にして、メディアを複数枚持っていくか、撮影した画像データを保存できるものを持っていこう。

○レンズ

南極大陸に上陸してワイドな風景を撮るには、二〇ミリ、二八ミリなどの広角レンズも迫力がある。しかし、実際は、船の上から風景写真を撮る機会も多い。船の上では被写体までの距離を自由にとれないので、七〇～二〇〇ミリぐらいのズームレンズがあると便利だ。また、南極ツアーでは、ゾディアックと呼ばれる小さなゴムボートから生き物を観察する。ペンギンなど野生生物の五メートル以内に近づいてはいけないというルールもある。生き物をアップで撮るためにも、二〇〇ミリ以上の望遠レンズも持っていきたい。クジラ、オルカの撮影には四〇〇ミリぐらいがよい。

◆南極でペンギンと泳ぐために

どうしたら、南極でペンギンと泳ぐことができるのか。ペンギンと泳げますと銘打ってツアーを作っているところはない。ペンギンと泳げるかどうかは、運しだいなのだ。まず、南極ツアーを主催している会社の中から、南極でのダイビングサービスを行っている会社を選んでみよう。ロス海では、ヘリテイジ・エクスペディションズ社、南極半島ではクウォーク・エクスペディションズ社（こちらは、ダイバー向けの南極クルーズもある）、オーロラ・エクスペディションズ社など。南極でのダイビングは、ダイビングスキルやアイス・ダイビング経験を問われるので、北海道で流氷ダイビングを経験しておきたい。

ツアー会社が見つかったら、自分が南極でどんなダイビングをしたいのか、ツアー会社にリクエストを出しておこう。私が出したリクエストは三つ。

「もしチャンスがあったら、ペンギンと泳ぎたい。アイスバーグもしくは、流氷の近くで潜りたい。ジャイアントケルプの森で潜りたい」

ヘリテイジ・エクスペディションズ社は、参加者のうちダイバーは二名しかいなかったにもかかわらず、私の出したリクエストはすべて叶えてくれた。

ペンギンに遭遇することがあっても、その場所で泳げるかどうかは、天候しだい。いつチャンスがめぐってくるかはわからない。ペンギンと泳ぐための準備として、ドライスーツ、スノーケリングセット一式を、いつでも取り出せるよう準備しておきたい。

●南極を旅しよう！

南極関連おすすめホームページ＆書籍

南極に出かける前、帰ってきた後に読みたいホームページと書籍。ホームページの旅行記は、他では得られない情報ばかり。南極への旅が広がる。

★鶴田いんことその周辺（南極旅行あれこれ）

作者　鶴田いんこ

http://www.joy.hi-ho.ne.jp/inko-t/index.html

数ある南極旅行ホームページの中でも、早い時期に製作された。このページを参考に南極旅行に出かけた人も多い。一九九九年南極半島の旅行記の他、旅行の準備や持ち物など。砕氷船しらせの見学記もあり。

★南極旅行

（ANTARCTICA TO THE END OF THE EARTH）

作者　わらびぃ

http://www.dab.hi-ho.ne.jp/wallaby/

一九九九年の南極半島旅行記。作者が受けた南極での感動が伝わってくる。二〇年に一度という大荒れのクルーズだったそうだが、作者の感想は「絶対また行きたい」とのこと。私も南極旅行経験者として同感。

★南極旅行記@kazuhi.to（Visit to Antarctica）

作者　kazuhito

http://kidachi.kazuhi.to/

「二〇〇〇年の正月を南極でペンギンと迎えること」を目標に、南極の旅を実現した作者。南極半島旅行の出来事が詳細に書かれている。写真も多数あり、まとまっている。旅行の持ち物リストも活用できる。作者はQuark Expeditions社のクルーズに参加。

★南極

Antarctica - Yuichiro Nakamura's Travel Diary

作者　中村勇一郎
http://www.yuichironakamura.com/
南極半島旅行記。美しい写真とレイアウトで、非常に読みやすい。旅行記も充実した内容。作者は、Quark Expeditions社のクルーズに参加。

★Travels around the World by YUZO

作者　Yuzo
http://homepage1.nifty.com/yuzo/index.htm
一九九六年南極半島の旅行記。南極の迫力のある風景写真が多数掲載されている。旅行記も臨場感あふれている。

★南極にお邪魔します

作者　山内浩一郎＆秋田真里
http://www.kyoto-np.co.jp/（「トップページ」→「週間京都」→「南極にお邪魔します」）
京都新聞インターネット版に連載した南極旅行の記事をまとめたページ。エコツーリズム的視点から書かれた旅行記である。作者は南極クルーズの写真集を出版している。

★南極へ行っちゃうぞ！

作者　名取美雪
http://www.dearest.net/~natori/antarctica/
ペンギン好きが高じて、南極へ行ってしまった作者。二〇〇二年の南極半島クルーズ旅行記。サブページには、南極でペンギンのぬいぐるみを撮影した楽しい旅行記もある。

★新婚旅行的 南極絵巻

作者　mkame
http://www.dsnw.ne.jp/~mkame/antac/
新婚旅行で、南極半島のクルーズに出かけたご夫婦の旅行記。写真入り旅行記のほか、イラスト入りの持ち物リスト、旅のアドバイス、動く地図など、細部にわたり凝ったページ。Quark Expeditions社のクルーズに参加。

★National Institute of Polar Research（国立極地研究所）

http://www.nipr.ac.jp/japan/index.html

★南極観測のホームページ（昭和基地）

http://jare.nipr.ac.jp/index.html

★PNRA VIEW（イタリアテラノバ基地）

http://www.pnra.it/index_inglese.html

★国際南極センター

New Zealand Attractions International Antarctic Centre

Christchurch Attractions

英語　http://www.iceberg.co.nz/

日本語　http://www.nyuujitanken.co.nz/ctb/AntarcticCentre.htm

★'virtual tour' of McMurdo station（マクマード基地）

http://astro.uchicago.edu/cara/vtour/mcmurdo/

●南極関連書籍

『Lonely Planet Antarctica』

Jeff Rubin.(2000)Lonely Planet Publications.

本書内でも紹介されているロンリープラネット南極編。旅行の仕方、旅行会社の情報収集、持ち物、南極で見られる生物のカラー図鑑も入り充実の内容。南極旅行に出発する時には、ぜひ鞄の中に入れておこう。何かと役に立つ本。（洋書）

『ペンギン・ラブ』

鎌倉文也（2001）エクスナレッジ

ページをめくる度にうっとりする美しいペンギンの数々。キングペンギンのカップル、アゴヒゲペンギンの親子、氷の上のアデリーペンギンなど。この写真集に出てくるペンギンの多くは、南極と亜南極諸島で撮影されている。

『クジラ・ウォッチングガイドブック』

水口博也（2002）ＴＢＳブリタニカ

ホエール・ウォッチングに出かける前に、読んでおきたい一冊。南氷洋・南極海を旅する時に見られるクジラは、ザトウクジラ、ミンククジラ、マッコウクジラ、ミナミセミクジラ、シロナガスクジラ、シャチなど。『クジラ・イルカ大百科』（ＴＢＳブリタニカ）もある。

『ペンギンガイドブック』

藤原幸一（2002）ＴＢＳブリタニカ

世界で初めてペンギン全18種の撮影に成功した写真家・藤原幸一氏。幼鳥から成鳥にいたるまで、貴重なペンギンの写真が豊富にレイアウトされている。解説も詳しく、ペンギン好きの方には必携の一冊。

『ペンギン大百科』
トニー・D・ウィリアムズ他　ペンギン会議訳（1999）平凡社
　ペンギンの生態を詳しく知りたい方に、お勧めの一冊。論文をベースに書かれた本だが、エピソードなども盛り込まれ、とても分かりやすい言葉で書かれている。

『そして、奇跡は起こった！』
ジェニファー・アームストロング　灰島かり訳（2000）評論社
　本書にも出てきた南極探検家シャクルトン。南極への夢を捨てきれなかったシャクルトンは、横断プロジェクトを掲げ、再度、南極大陸へ挑戦する。この探検で、シャクルトン隊二八人全員生還という偉業を成し遂げた。最後のページまで手に汗握る一冊である。

『世界最悪の旅』
アプスレイ・チェリー・ガラード　加納一郎訳（2002）中央公論新社
　南極点征服をかけて戦ったアムンゼンとスコット。子供の頃、彼らの伝記を読んだ人も多いのでは。体を鍛え、犬ぞりを使って勝負に出たアムンゼン。雪上車を使おうとした学者肌のスコット。彼らの勝負を分けたものは何であったのか。南極ロス海は、彼らが命を賭けて戦った場所である。南極へ出発する前に、もう一度、読んでおきたい。

『南極へ行きませんか』
神沼克伊（2001）出窓社
　南極昭和基地の役割、現代の南極観光について書かれた日本初の南極観光読本。南極に行く者としての心構えなどが書かれている。

『南極に暮らす——日本女性初の越冬経験』
坂野井和代・東野陽子（2000）岩波書店
　女性の視点から見た、南極昭和基地の生活。昭和基地は、南極大陸の中でも大変行きにくい場所にある。交通手段、物流手段は、砕氷船しらせのみ。昭和基地の独特の社会を、大学院生の目で見た新しい一冊。

『Antarctica.　Reader's Digest』
（1985）Reader's Digest.
　南極の自然科学から南極探検の歴史まですべてを網羅し

た百科事典。カラーの写真・図表類がふんだんに入ってい
て、見ているだけでも楽しい。南極に関する書籍では、こ
れ以上のものはないだろうと言われているが、残念ながら
現在は絶版になっている。中古書店などで探して欲しい。
（洋書）

西森有里（にしもり　ゆり）

1968年、福岡県生まれ。写真家。京都大学理学部生物学科卒。

生き物が好きで志望した生物学科で、1メートル近いミミズの解剖から野ネズミの生態調査まで体験。

卒業後、民間企業にて海の生態系に関する研究に従事するが、
写真家になる夢を捨てきれず、働きながら東京綜合写真専門学校（夜間）へ通う。

その後、水中写真家・中村征夫氏に師事、97年、写真家としての活動を始める。

エコツアー、エコツーリズムの撮影をライフワークとする。2002年より伊豆大島在住。

●連絡先
(株)TiNY LyNX　タイニーリンクス
〒100-0104　東京都大島町野増字間伏
TEL : 04992-4-4411　FAX : 04992-4-4410　E-MAIL : tiny@mtj.biglobe.ne.jp
写真家　西森有里の海と遊ぶエコツアー　http://www.yuriseco.com/

ペンギンと泳ぐ旅　南極エコツーリズム

2003年9月15日　初版第1刷発行　定価はカバーに表示してあります

写真・文／西森有里

発行者／杉本 孝
発行所／ＮＴＴ出版株式会社
〒153-8928　東京都目黒区下目黒1-8-1　アルコタワー
営業本部／ＴＥＬ：03-5434-1010　ＦＡＸ：03-5434-1008　出版本部／ＴＥＬ：03-5434-1001
http://www.nttpub.co.jp

ブックデザイン／土屋 光（Perfect Vacuum）
イラスト／小暮満寿雄
印刷・製本／株式会社シナノ

ISBN4-7571-5042-3 C0026